KB102797

똑똑한 샵매니저는
이렇게 일합니다

똑똑한 샵매니저는 이렇게 일합니다

㈜글로벌휴먼스 교육팀 지음

A 애드앤미디어

추천사

빠르게 변하는 지금의 패션 리테일 시장에서 매장과 샵매니저가 자생력을 갖추고, 영업할 수 있도록 하는 실무 지침서입니다. 새로운 시대에 대비하기 위한 통찰력과 핵심적인 전략을 이 책을 통해 얻으시길 바랍니다.

㈜LF 전략영업사업부 상무 **조문재**

매장 운영의 핵심은 고객들의 마음을 사로잡는 고객 중심적인 사고에서 시작됩니다. 고객에 대한 고민을 바탕으로 실행하고 성공한 매장의 노하우가 담긴 이 책은, 샵매니저들이 성공하기 위한 필수 가이드가 될 것입니다.

㈜한성에프아이 사장 **박연**

살아 있는 매장을 위한 영업 지침서입니다. 생생한 노하우를 바탕으로 '요즘 시대' 영업 스킬을 체득하고자 하는 분들에게 적극적으로 추천합니다.

연합뉴스 마케팅본부 산업팀장 **고상국**

이 책은 다년간 샵매니저 양성 경험과 매장 운영 실무 경험을 바탕으로 판매 활동에 필요한 영업 가이드를 제공하는 책입니다. 패션과 매장, 고객을 사랑하고, 매장 운영을 통해 성공하고자 하는 분들에게 추천합니다.

중부대학교 뷰티패션비즈니스학 교수 **최영순**

이 책은 패션 매장을 운영하려는 사람들에게 최신 리테일 트렌드와 함께 실용적인 조언을 제공함으로써 모험과 도전의 용기를 불어넣어 줍니다. 이 책을 통해 패션 매장을 향한 열정과 자신감을 더해가며, 새로운 성공을 향해 나아갈 준비를 하세요. 패션비즈니스의 파도를 컨트롤하며 흔들림 없이 영업하는 샵매니저의 힘을 기르는 책입니다.

한국섬유산업연합회 섬유패션아카데미실 실장 **김진아**

억대 연봉 샵매니저가 되는 데 길잡이가 되어줄 내용이 담긴 책입니다. 진심이 담긴 영업으로 성공하고자 하는 모든 분에게 추천합니다.

롯데백화점 잠실점 헤지스남성 샵매니저 **장근만**

추천사

㈜글로벌휴먼스

글로벌리더스센터(Life & Learning)를 소개합니다

글로벌휴먼스
홈페이지

㈜글로벌휴먼스는 ㈜LF의 자회사로, 오프라인 매장의 영업관리 및 직영 매장 직원을 육성하는 패션 리테일전문기업이다.

매출을 올리는 Fashion Shop Manager(이하 FSM) 양성이 핵심 사업인 ㈜글로벌휴먼스는 오랜 기간 오프라인 매장을 운영하면서 축적된 노하우와 샵매니저의 역량을 바탕으로 한 매출활성화의 사례들을 바탕으로, 롯데 본점, 신세계 강남 등 대한민국 TOP 10 매장을 중심으로 약 100여 개 매장을 직접 운영하고 있다.

2023년에는 패션 리테일 인력 양성 및 지역 사회 공헌을 위한 장기 전략의 일환으로 평생교육기관인 글로벌리더스센터(Life & Learning)를 설립했다. 이는 패션 기업이 평생교육원을 통해 교육 서비스를 제공하는 최초의 사례다.

㈜글로벌휴먼스는 글로벌리더스센터(Life & Learning) 운영을 통해 공신력을 확보하고, 우수 인재를 영입하며, 지역 및 일자리 맞춤 사업을 운영하는 등 기업 활동 영역을 확장하고 있다.

글로벌휴먼스만의 9가지 'Sales KSA(Knowledge, Skill, Attitude)' 모듈을 기반으로 온라인/오프라인의 공개과정을 운영하고 있으며, 패션 리테일뿐만 아니라 다양한 분야의 전문 교육 프로그램도 제공할 예정이다.

이 책에서 우리는 온라인과 오프라인이 공존하는 현재 시장에서 오프라인 매장이 지속해서 성장할 수 있는 중요한 키(key)인 샵매니저가 갖춰야 하는 핵심역량을 항목별 전략과 실제 사례로 제공하고자 한다. 이를 통해, 보다 경쟁력 있는 샵매니저의 자질을 갖추고 매장 영업이 이루어질 수 있도록 돕고, 샵매니저의 가치를 높이는 데 작게나마 도움이 되기를 희망한다.

(주)글로벌휴먼스 글로벌리더스센터(Life & Learning)를 소개합니다

오프라인 매장, 어디로 가고 있나

매장에 서 있다 보면 10명 고객 중 2~3명은 핸드폰 온라인몰에서 내 앞에 있는 옷과 검색하며 비교하고 있다. 너무나 자연스럽다. 그 광경을 어색해하는 사람은 매장 직원뿐이다. 같은 공간 속에서 고객은 평온하게 상품의 가격을 비교하고, 직원은 불편하게 그 고객을 바라본다. 불편하게 바라보는 직원은 그 고객에게 별다른 말을 건네지 않는다. 직원의 불편한 시선을 의식한 고객은 잠시 눈치를 보다가 조용히 그 매장을 빠져나온다.

매장 안에서 고객과 직원이 동상이몽을 하는 우리의 현실이다. 아마도 고객은 이랬을 수 있다. 어젯밤 자기 전 핸드폰을 뒤적이다 사고 싶은 원피스를 발견했다. 꼼꼼히 스펙과 디자인, 컬러를 살펴보며 내가 입은 모습을 상상한다. 예쁠 것 같다. 하지만 지금 결제하기는 약간 께름칙하다. 그런데 우리 집 근처 백화점에 그 브랜드 매장이 있다. 내일 가봐야지 결심하고 즐겁게 잠이 든다. 그리고 그날이 밝은 것이다.

한편 매장은 이렇다. 아침에 출근해서 청소와 상품정리를 마친다. 우리 매장은 오전부터 고객이 잘 오지 않지만 시원하게 개시하고 싶은 아침인데, 고객이 오자마자 원피스 앞에서 핸드폰을 꺼내 든다. 저 고객은 입어만 보고 온라인으로 주문할 것 같다. 아침부터 이러면 안 되는데 신경질이 난다.

남의 이야기인가? 아마 온·오프라인 영업이 공존하는 시장에 있는 분이라면 뼈저리게 공감할 이야기일 것이다. 특히 코로나19 전후를 비교한다면, 대부분의 영업은 온라인을 빼고 이야기할 수 없는 것이 현실이다. 이렇게 빨리 올 줄 몰랐는데, 이렇게 빨리 와버렸다.

팩트 체크를 해볼까.

아마존이 글로벌 브랜드 1위에 오른 지도 벌써 수년째다. 'The 2021 Amazon Consumer Behavior Report'에 따르면, 소비자의 약 57%는 코로나19 팬데믹을 기점으로 이전보다 온라인에서 쇼핑을 더 많이 한다고 응답했다. 오프라인 매장에서 쇼핑을 더 많이 한다는 응답은 37%다. 온라인이 오프라인을 역전하게 된 누구도 거부할 수 없는 코로나19라는 계기가 소비형태의 변화를 촉진한 것이다.

미국 이커머스 매출은 2021년 기준, 약 9,300억 달러, 2022년에는 1조 달러를 넘어섰고, 2024년까지 이커머스가 미국 전체 리테일 산업 매출의 약

소비자들이 제품을 살 준비가 되었을 때 가는 세 군데 목적지

amazon	71%
Walmart	10%
Google	7%

출처 : Feedvisor, The 2021 amazon consumer behavor report

프롤로그

20% 이상을 차지할 것으로 추정하고 있다. 그중에서 아마존은 2021년 미국 이커머스 전체 매출의 약 41.4%를 차지하며, 2019년 대비 약 50% 신장했다. 금액으로는 약 1,680억 달러에서 3,860억 달러의 규모인데, 유통의 핵이라고 했던 월마트와 격차를 벌린 지 오래다.

미국 소비자의 56%는 아마존을 매일, 또는 일주일에 적어도 2~3번은 방문한다고 하니, 그 브랜드 파워와 신뢰는 앞으로 더 큰 매출을 만들어갈 것이다.

우리나라도 크게 다르지 않다.

산업통상자원부의 '2022년 국내 주요 유통업체 매출'에 따르면, 오프라인 유통 매출은 전년 대비 8.9%, 온라인 매출은 9.5% 증가했고, 2015년 이후 온라인 매출은 꾸준히 증가하는 추세다. 최종 구성비는 오프라인 51.3%, 온라인이 48.6%로 둘 사이 간격은 거의 없는 수준이다. 이런 추이를 보고, 여러분은 어떤 생각을 하고 있는가? 오프라인 매장에 미래는 없다, 이런 생각에 사로잡혀 있나?

오프라인 매장을 약 100개 정도 운영하는 당사 역시 현실의 파도에 엄청난 타격을 받았다. 코로나 때 말이다. 그때만 해도 온라인과 이렇게 경쟁하게 될 줄은 몰랐고, 솔직히 금방 지나갈 거라고 기대하며 대수롭지 않게 여긴 것도 사실이다. 그래서 그 시절의 우리가 앞서 확인한 온라인 매출의 엄청난 성장을 그저 바라만 볼 수밖에 없었던 것 아닌가. 후회한다고 고백하는 것이 아니라, 지금 우리는 지금의 현실에 부는 바람의 방향을 봐야 한다는 것이다.

2022년 온라인 매출의 증가율이 오랜만에 한 자릿수 증가라는 것이 오프라인 매장의 샵매니저에게는 의미 있게 다가온다. 좀 더 구체적으로 살펴보니 코로나19 기저효과와 거리 두기 완화에 따른 외부활동 증가 등으로 백화점(15.7%) · 편의점(10.8%) · 대형마트(1.4%)의 매출이 증가하면서, SSM(△0.2%)의 매출 감소에도 불구하고, 전체 오프라인 매출은 8.9% 증가했다. 스포츠(8.4%), 가전/문화(5.3%) 등 대다수 상품군에서 증가세를 회복한 것인데, 야외활동에 대한 상품군을 비롯해 여성캐주얼(18.9%), 남성의류(17.7%), 여성정장(17.0%) 등 대다수 품목이 오프라인에서 상승곡선을 타고 있다는 것이다.

반면 온라인은 특히 야외활동이 늘고, 해외여행·공연티켓 수요가 증가하면서 매출이 증가했는데, 꾸준한 두 자릿수 증가율에서 한 자릿수로 둔화했다는 점이 주목할 만하다.

시절은 변했고, 오프라인 매장의 샵매니저는 다시 일어설 준비를 해야 한

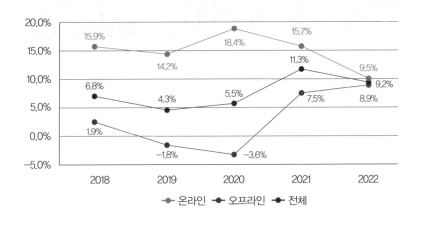

국내 오프라인 온라인 매출의 변화(2024년 3월 31일 기준 매출액 143,313,000,000원)

출처 : 재무제표−초이스스탁US

다. 다만, 이 귀한 경험을 바탕으로 이전과는 다른 오프라인 매장을 경영할 수 있어야 한다.

예를 들어 보자.

첫째, 아마존은 인터넷 서점으로 시작한 기업이다. 온라인 마켓의 확장으로 2022년 총매출액 약 5,138억 달러(약 671조 2,000억 원)*의 매출을 만들어냈다. 그런데 그들은 요즘에 무엇에 집중하는가? 바로 오프라인 매장의 확대다.

아마존 오프라인 매장들

amazon books

amazon 4-star

amazon fresh

amazon pop up

amazon go

amazon go grocery

출처 : 아마존

아마존북스는 물론, 식료품샵 아마존 프레시, 아마존 고, 아마존 그로서리를 통해 아마존은 고객에게 더욱 가까이 스며들었다. AI 등의 신기술을 도입해 새로운 감각의 오프라인 매장을 선보였다. 특히 아마존 4스타는 옴니채널

* 출처 : Amazon Q4 2022 Earnings Results, 2023년 2월 2일

의 좋은 모델이 되었는데, 아마존닷컴에서 별점 4개 이상을 받은 상품을 오프라인에서 직접 만져보고 구매할 수 있는 매장이다. 그뿐만 아니라 최근에는 아마존 살롱(미용실)을 오픈해 VR을 통한 스타일링 제안과 아마존의 상품들을 진열, 판매하는 등 온라인과 오프라인을 잇는 다양한 경험을 고객에게 제안한다.

둘째, 무신사의 경우도 마찬가지다. '신발이 무진장 많은' 사이트로 시작해 현재의 무신사가 되기까지 다양한 전략과 확산을 해온 무신사 역시 최근에 오프라인 매장을 확대하고 있다. 고객이 찾아오게 만드는 매장을 구성해 이 어려운 시기에 줄 서는 매장으로 운영하는 것이다. 처음 홍대에 무신사 스탠다드가 오픈해 홍대상권 자체를 활성화한 예는 이미 유명하다.

무신사 홍대 오픈 기사

"온라인과 오프라인의 차이 없앴다"
무신사, 패션의 거리 홍대서 오프라인
플래그십 스토어 오픈

출처 : 한스경제

셋째, LF에서 선보인 '던스트'는 패션 대기업이 이제까지 도전하지 않았던 MZ를 타깃으로 탄생한 핫한 브랜드다. 사내벤처로 시작한 던스트는 젊은 감각과 전략을 적극적으로 지원받으며 승승장구해서 현재는 독립운영 중인데, 역시 온라인에서 시작해서 현재는 오프라인에 진출해 많은 인플루언서에

프롤로그

블핑 지수가 '픽'한 LF 던스트, 성장가도 달린다

출처 : 이코노믹 리뷰

게 사랑받으며 '홀린 듯 들어가는 매장'이 되었다.

이들이 이렇게 오프라인에 진심인 이유는 무엇일까? 그것은 '새로운 경험의 제공'이다. 고객에게 '경험'을 제공하는 오프라인 매장이 그 기능을 다 하고, 아마존이라는 브랜드를 더욱 가깝게 느끼고 즐길 수 있도록 만드는 것이다. 아마존 회원에게 더욱 다양한 혜택을 제공하는 것은 당연할 테니 고객은 기꺼이 회원이 될 것이다. 따라서 앞으로의 오프라인 매장은 '고객이 경험하는' 공간인 동시에 우리 매장(브랜드)에 팬심을 갖도록 만드는 중요한 허브가 되어야 한다.

우리나라도 잘 생각해보자. 리테일 트렌드에 조금이라도 관심 있는 분들이라면 격공할 최근 가장 핫한 플레이스, '더현대서울'이 2021년 2월 26일에 오픈했다. 코로나19로 오프라인이 가장 힘들 때 오픈했다. 해당 매장에도 우리 매장의 입점이 있었기에 더현대서울의 준비와 전략은 우리에게도 매우 중요했다. 당시를 떠올려 보면, 부끄러운 일이지만, 현대가 무모하다고 생각했다. 어쩌려고 이러나 싶었다.

첫 번째는 이름이었다. 우리에게 백화점 이름은 ○○백화점 ○○점 같은 고정관념이 있다. 신세계, 현대, 롯데 뒤에 지역명이 붙는다. 주요 백화점 3사가 실제 이름을 그렇게 짓는다. 현대도 그랬다. 현대백화점 판교점이 제일 가까이 개점한 백화점이었으니 그때는 그랬다. 그래서 당연히 현대백화점 여의도점일 것으로 생각했고, 실제로 그렇게 등록이 되었던 것으로 기억한다. 그러다 오픈 직전에 '더현대서울'이라고 이름을 바꿨다. 있는 척한다고 생각했다. 그 이름에 담긴 변화와 경험을 몰랐다.

두 번째는 에루샤가 입점을 안 했다. 백화점 오픈의 핵이자 매출의 견인브랜드라고 하는 에르메스, 루이비통, 샤넬이 오픈 때 입점하지 않았고, 여의도 부자고객들은 그 점을 아쉬워하기도 했다. 그때도 지금처럼 너 나 할 것 없이 명품 모시기가 한창이었기 때문에 더현대서울이 큰일 났다는 반응이 많았다.

세 번째는 공간의 구성 때문이었다. 매장 오픈 준비를 위해서 오픈 전에 매장을 왕래했던 우리 입장에서는 미리 봤던 그 폭포, 그 가든, 그리고 널찍한 동선에 놀라지 않을 수 없었다. 속으로 '이 평 효율을 어떻게 해?' 싶었다. 일반적으로 우리는 매장 하나에 얼마, 얼마짜리가 몇 개, 그래서 그 조닝(zoning)에서 얼마, 이렇게 매출을 예상하는 삶을 살아오지 않았나.

이런 나의 우매한 생각이 매장이 오픈한 직후 완벽하게 깨졌고, 큰 깨달음을 얻었다. 더현대서울은 그야말로 오프라인 매장의 미래상인 것이다. 그리고 그들의 전략이 기가 막히게 통했다.

첫 번째, 이름은 물건을 사고파는 틀에서 벗어나 소비자에게 새로운 라이

프롤로그

프스타일을 제안하고, 교감하는 공간으로 거듭나겠다는 방향성을 담은 이름이었다. '여의도' 대신 '서울'이라는 지역명을 배치함으로써 그룹의 대표성까지 부여했다고 하니, 역시 단어가 주는 힘과 의미를 함부로 삼지 말아야 한다.

두 번째, 에루샤는 여의도 같은 노른자 땅에 명품이 없을 수 없지만, 더현대서울은 갤러리아 명품관과 신세계백화점 강남점, 롯데백화점 에비뉴엘점 등 소수의 부티크로만 운영하는 프랑스 명품 주얼리 브랜드 '부쉐론' 같은 희소한 오프라인 매장을 보이는 데 노력했다. 매출볼륨도 중요하지만, 귀하게 찾아오는 매장을 그린 것이다.

세 번째, 공간은 오프라인 매장의 미래라고 언급한 것처럼 지금 생각하면 더현대서울의 공간구성은 그 전략만으로도 훌륭하지만, 그 전략을 실행한 현대의 TOP management의 의지에 감탄을 금할 수 없다. 한 평 한 평이 돈인 기업 입장에서 봤을 때 그 구성과 실행은 정말 쉽지 않은 결정이었으리라고 생각한다.

'더현대서울'은 쇼핑만을 위한 공간이 아니다. 도시 한가운데에서 여유와 '원스톱 라이프스타일'을 즐길 수 있도록 한 문화, 레저, 휴식 공간이다. 이곳에 MZ세대들을 위한 다양한 마켓과 콘텐츠를 채우고, '리테일 테라피(쇼핑을 통한 힐링)'라고 불리는 것처럼 전체 영업 면적의 절반을 실내 조경이나 고객 휴식 공간 등으로 꾸며 '가고 싶은' 공간이 되도록 했다. 특히 SNS를 통해 더현대서울은 서울에서 가장 힙한 공간으로 인기를 누리고 있고, 이를 통해 주변 상권까지 살아나는 효과를 만들었는데, 실제 지역 소상공인 등을 대상으로 벤치마킹 투어 프로그램을 운영하며, 오프라인 매장을 경영하는 우리에게

더현대 서울 투어 문자 메시지

No.426127152
더현대 서울 투어

일정   2023. 5. 10.(수) 오전 11:00
내역   합계(1) 더현대 서울 투어(1)

⊖ 더현대 서울 투어에서 드리는 글

더현대 서울 투어 프로그램이 예약 확정되었습니다.

[안내 사항]
*상기 일정 및 프로그램 내용은 매장 상황에 따라 변동될 수 있습니다.
*참여가 어려운 경우, 3일 전까지 유선으로 취소해주시기바랍니다.
*당일 투어 시작 5분전까지 집결지에 도착해주세요.(1층 컨시어지 앞)
*사회적 거리두기 단계에 따라 참여 인원이 조정될 수 있습니다.
*문의)02-3277-0114

출처 : 더현대서울

학습의 기회를 제공하고 있다.

돈 있는 회사만 그럴 수 있는 것 아니냐고 할 수도 있다. 물론 어느 정도는 그렇다. 위기를 기회로 만드는 투자를 할 수 있는 회사는 많지 않으니까. 그러나 이 책을 읽을 독자들이 기억해야 할 것이 있다. 결국, 그 매장 안에, 누가 있나? 2년 전 내가 지금까지 그 매장에 있다면, 이렇게 달라진 세상에서 나는 어떻게 해야 하나? 2년 전 내가 그대로 있다면 내일의 나를 보장할 수 있겠는가.

유통사 자체가 이 변화에 반응하지 못하면 안 되었던 시대에 백화점 자체에서 온라인을 강화하기 시작했다. 이미 매장 단위에서는 네이버 스마트스토어를 포함한 입점 유통사의 온라인채널을 운영하고 있었는데, 그 채널을 강화해 매출을 활성화하지 않을 수 없었고, 그 촉매제가 바로 '라이브방송'이었다.

시스템적으로 불안했던 초기에 백화점 담당이 우리 매장의 샵매니저에게 라이브방송을 도전해줄 것을 요청했다. 홈쇼핑의 쇼호스트처럼 카메라 앞에서 상품을 판매하라고 했는데, 쉽지 않은 도전이었다. 하지만 먼저 도전하는 매장이 우위를 선점할 수 있던 시기였기에 우리의 젊은 샵매니저들은 도전했다. 시스템과 사람 모두 완벽하지 않기에 처음의 도전은 큰 성과를 내지 못하고 지나갔다. 하지만 역시, 두 번과 세 번은 달랐다. 우리는 점점 전략적 방향을 기획할 수 있었고, 실전에서 라이브방송의 성과를 극대화할 수 있는 포인트를 찾아낼 수 있었다. 대성공이었다.

고객의 입점이 귀했던 시절, 30분 방송에 1만 4,000명이 접속했다. 우리 매장에 1만 4,000명이 방문한 것이다. 방송을 포함한 3일간의 프로모션에서 1억 원의 매출을 올렸다. 매니저도, 본사도, 백화점도 충격이었다. 이것이 우리가 어려운 시기를 극복한 신호탄이 되었다.

다시 일상으로 돌아온 지금, 우리는 어떤 모습일까? 우리가 겪은 그 경험을 앞으로 어떻게 활용하며 영업해야 하는가. 다시 고객들이 매장으로 나오는 지금, 다양한 유통이 고객 경험(CX, Customer eXpierience)의 공간을 선보이며 재도약하고 있다. 그 안에 우리가 있다. 다시 유니폼과 그루밍을 가다듬고 고객을 맞이할 준비를 한다. 하지만 분명히 이전과는 다른 준비다. 고객이 핸드폰을 보며 쇼핑하는 것을 돕고, 최적의 쇼핑을 할 수 있도록 응대한다. 고객은 어느 채널로 쇼핑할지 스스로 선택하지만, '사람'이 주는 서비스와 공간의 경험에 만족한다면 오프라인에서 지갑을 여는 데 주저하지 않는다.

결국, 우리 샵매니저들은 달라져야 살아남을 수 있다.
과거의 영업방식으로는 미래의 내 매장을 보장할 수가 없고, 수억 원을 투자해 달라질 매장을 만들지 않을 거라면, 사람이 할 수 있는 영업 전략을 세우고 운영할 수 있어야 한다. 코로나19와 같은 팬데믹이 앞으로 없을 것이라고 자신할 수 있나? 어떤 것이 올지 우리는 알 수 없다.

롯데백화점 잠실점 헤지스 액세서리 유도현 점장 인터뷰 기사

20대에 점장 달고 연매출 20억 찍었다…잠실서 유명한 이 남자 누구 [인터뷰]

출처 : 매일경제

영업을 '장사'라고 표현한다면 장사에도 트렌드가 있는 것인데, 내가 장사꾼으로 성공하고 싶다면 과거만 붙잡고 달라진 세상을 탓할 시간에 싹수 있게 장사 잘하는 사람들이 뭘 하고 있는지 보고 배우며 내 매장에 접목하라.

당사가 수십 년간 영업해온 오프라인 매장의 영업 진리를 정리하고, 최신의 것을 독자에게 전달하기로 결심한 이유는 결국 우리 시장은 같이 잘 먹고 잘 살아야 하기 때문이다. 코로나19를 비롯해 앞으로 다가올 알 수 없는 풍파를 함께 헤치고, 이겨내며 함께 잘살기 위한 현실 노하우를 공감해주기 바란다.

프롤로그

CONTENTS

CHAPTER 1

샵매니저의 차별화 변신 전략_
온라인마케팅과 라이브방송

CHAPTER 2

샵매니저의 똑똑한 재무 전략_
숫자로 읽는 세일즈 스토리

CONTENTS

CHAPTER 7

샵매니저의 비즈니스 커뮤니케이션 전략_
신뢰를 주는 협업 스킬

부록

우수 샵매니저 인터뷰

CHAPTER

1

"변화는 삶의 필수 불가결한 요소다.
변화에 적응하고 그것을 활용할 줄 아는 사람만이
살아남을 것이다."

– 찰스 다윈

샵매니저의 차별화 변신 전략_
온라인마케팅과 라이브방송

매장에서도
온라인을
한다고요?

우리는 오프라인 매장의 현재와 미래에 관한 이야기를 하고 있다. 앞서 시대와 소비 패턴이 변했다는 것을 이해했고, 그렇다면 지금의 고객이 원하는 오프라인 매장의 기능 역시 달라져야 한다는 것을 받아들여야 한다는 것이다.

비대면(언택트) 마케팅이 활성화되면서 오프라인 매장은 그야말로 낭떠러지에 다다른 느낌이었다. 더 이상 물러설 곳이 없었다. 우리의 근본인 오프라인 매장은 유지하되, 비대면을 바라는 고객에게 새로운 접근 방식을 모색해야만 했다.

그래서 유통사들이 어쩔 수 없이 확대하기 시작한 것이 백화점 내 온라인몰이다. 물론, 비대면 시대 전에도 매장 내 온라인몰을 운영하는 브랜드들은 있었지만, 그 채널을 강화하지는 않았다. 하지만 시대가 매장의 온라인몰을 활성화하게 해주었고, 지금과 같은 투채널 매장의 비중이 높아진 것이 현실이다.

대한민국 대표 백화점 3사를 살펴보면, 롯데, 현대, 신세계 모두 자체 온라인 포털을 운영하고 있다. 롯데온, Hmall, SSG닷컴이 바로 그것이다.

백화점 3사의 자체 온라인몰

백화점	온라인몰	전략
롯데백화점	롯데온	이커머스 사업부 중심으로 온라인몰 통합 운영. 마트를 중심으로 신선품 판매 주력
신세계백화점	ssg닷컴	이베이코리아 인수 후 비식품군 경쟁력 강화하며 통합몰 ssg닷컴과 시너지
현대백화점	더현대닷컴, 현대H몰	통합몰 형태가 아닌 각 그룹사마다 전문 온라인몰 따로 운영하며 판매 상품 특성화에 초점

출처 : 이코노미스트
(https://economist.co.kr/article/view/ecn202112190006)

온라인몰이라는 플랫폼을 열어 그 안에 매장을 입점시키는 것과 같다. 오프라인 백화점 안에 우리 매장이 입점해 있는 것과 같은 이치다. 오프라인 매장에 상품이 전개되는 것과 같이 온라인몰에도 우리 매장의 상품이 노출된다. 활성화 정도에 따라 가격 차이가 존재하는 것은 현재 온라인몰을 운영하는 오프라인 매장이 직면한 불가피한 현실이다. 결국 현재 대한민국의 오프라인 매장은 온라인에서도 끊임없는 매출 경쟁을 벌이고 있는 셈이다.

그런데 온라인몰에서의 경쟁은 그 범위가 오프라인과는 차원이 다를 정도로 광범위하다는 점을 우리가 인지해야 한다. 이는 소위 '상권'이라는 개념이 전국적으로 확장되기 때문이다.

예를 들어, 제주도에 거주하는 20대 여성이 헤지스의 가디건을 구매하고 싶어 네이버에서 '헤지스 케이블 가디건 여성 아이코닉 베이비'를 검색한다고 가정해보자. 검색 버튼을 누르는 순간, 동일한 상품이 다양한 채널에서 각기 다른 가격으로 노출된다.

특정 상품의 검색과 노출도(2024년 4월 12일 기준)

　　분명히 동일한 상품임에도 불구하고, 해당 상품을 판매하는 매장이 매우 다양하다는 사실에 주목할 필요가 있다. 앞서 언급한 바와 같이, 백화점이 운영하는 자체 몰의 이름이 검색 결과 상위에 랭크된다. 그럼 고객의 입장에서 가장 구미가 당기는 채널로 들어가볼까.

　　SSG닷컴을 눌렀다. 연결되는 페이지에는 이렇게 쓰여 있다.

　　헤지스레이디스 강남점 특가.

　　이는 제주도에 있는 고객이 신세계백화점 강남점의 쇼핑 공간에 가상으로 들어오게 되는 것을 의미한다. 샵매니저의 관점에서 보면, 신세계 강남점에서 제주도에 있는 고객과 만나게 되는 셈이다. 예상할 수 있듯이, 이 채널은 신세계 강남점의 오프라인 매장에서 운영하는 온라인몰이다.

고객이 의식하지 못한 채로 노출되는 온라인 상품은 실제로 오프라인 공간에서 운영되는 경우가 많다. 즉, 매장이 오프라인과 온라인, 두 개의 채널을 동시에 운영하는 것이다.

출처 : 쓱닷컴

실제로 백화점의 오픈 준비 풍경은 과거와는 많이 달라졌다. 출근 전 청소와 입고물량 체크, 직원 그루밍에 중점을 두고 오픈 방송과 동시에 고객 응대를 시작하던 모습에서, 전날 주문된 온라인 상품을 패킹하고 송장을 준비하는 등의 업무가 추가되어 샵매니저의 매장 운용력이 보다 강화되어야 하는 것이다.

물론 이러한 업무는 매장 정돈을 해치는 경우가 많다. 그렇기에 오프라인 매장의 이미지가 손상되지 않도록 백룸에서 작업이 이루어져야 한다. 이는 우리의 근간이 오프라인 매장에 있다는 점을 잊지 않아야만 가능하다. 이러한 중심이 흔들리는 매장에서는 온라인몰의 매출비중이 과반을 넘어서는 상황이 발생하기도 한다.

온라인몰 노출도 향상을 위한 운영 전략

목표	방법
노출도 강화를 통한 구매 증가	− 자사 제품의 온라인 노출도를 높이기 위한 방법 및 계획을 수립해 진행 − 진행 프로세스 1) 사전 계획 수립 : 해당 몰의 판촉일정 파악, 브랜드 프로모션 파악, 제품 선정, 재고 확인 2) 제품 업로드 : 제품 이미지 및 상세 설명 등록 3) 고객 반응 분석 : 판매율, 고객 반응 분석 4) 노출 강화 : 해당 몰 MD와의 소통을 통해 기획전 및 메인 배너 요청

백화점	− 프로모션 공유 요청(판촉 일정) − 기획전 요청 − 메인 배너 홍보 요청	− 인기스타일 혹은 재고 확보 상품 노출 요청

매장	− 사전 계획 수립 − 신상품 입고 − 재고 파악 − 프로모션 일정 요청	마케팅 일정 수립. 본사 및 해당 몰 MD와 소통해 프로모션 파악 및 일정 조율	제품 업로드 − 제품 선정 − 이미지 촬영 − 제품 설명
	고객 반응 분석 − 호/부진 파악 − 구매율 및 상품 후기 참고	상품 반응이 있을 시, − 재고 선 확보 − 추가 업로드 − 비슷한 제품과 세트 판매 − 혹은 자신만의 온라인 활동 진행	

본사	− 프로모션 일정 공유 − 백화점 온라인 판촉 요청 − 특가 스타일 공유	− 제품 재고 배분 − 리오더 일정 공유

출처 : 글로벌휴먼스

이는 매장의 샵매니저로서 각성해야 할 부분이다. 오프라인 매출을 올리기 위한 전략을 수립하지 않는다면, 높은 수수료를 내면서까지 백화점에 입점해 있을 이유가 없어진다. 브랜딩을 위해서라도 오프라인 매출을 증대시켜야 할 필요가 있다. 그래도 이 책을 통해 오프라인에서 온라인몰을 운영하는 샵매니저들에게 이왕이면 매출에 도움이 되는 이야기를 전하려 결심한 바, 스토어 온라인몰의 성공전략을 과감히 오픈해본다.

온라인몰이 활성화된지 어느 정도 시간이 지났기 때문에 온라인몰 자체의 매출활성화 전략에 대해서는 일반적으로 많이 알고 있으리라 생각된다. 마치 매장의 VMD(Visual Merchandising)처럼 상품의 '노출도'를 관리하는 것이 핵심인데, 사실 매장만의 문제가 아니라 운영을 지원할 백화점과 본사와의 협업의 긴밀함이 매우 중요하다.

협의가 잘되었다면 매장에서는 다음의 키워드를 기억하고 실행하자.

- Speed(누구보다 빠르게) : 동일한 상품은 모든 매장에 있기 마련이다. 가장 먼저 자리를 선점하는 자가 승리를 거머쥔다.
- Exact(가능한 한 정확하게) : 상품 정보와 제공되는 혜택, 그리고 디테일을 정확하게 안내하는 것이 중요하다. 온라인 쇼핑에서 고객이 원하는 것은 텍스트를 통해 마치 상품을 직접 만져보고 있는 듯한 착각을 하는 것이다.
- Much(최대한 많이) : 일종의 낚싯대 효과를 노리는 전략이다. 노출량을 늘려 내 매장에 입점할 수 있는 기회를 최대한 넓혀보자.

샵매니저가 반드시 알아야 할 핵심 포인트

1. 비대면 마케팅 활성화로 오프라인 매장은 온라인몰을 운영하게 되었다. 백화점 3사는 자체 온라인 포털을 운영 중이며, 오프라인 매장의 상품이 온라인몰에도 노출된다. 온라인에서의 경쟁은 전국 단위로 확장된다.

2. 제주도 고객이 헤지스 가디건을 검색하면 다양한 채널에서 동일 상품이 다른 가격으로 노출된다. 이는 오프라인 매장이 온라인몰을 동시에 운영하고 있기 때문이다. 샵매니저는 온라인 주문 상품 준비 등 추가 업무를 수행해야 한다.

3. 오프라인 매출증대를 위한 전략 수립이 필요하다. 온라인몰 성공 전략은 상품 노출도 관리가 핵심이며, 백화점과 본사와의 협업이 중요하다. 매장에서는 Speed(빠른 자리 선점), Exact(정확한 상품 정보 제공), Much(노출량 확대) 전략을 실행해야 한다.

온라인몰의 꽃, 라이브방송

다양한 전략으로 노출 관리를 하는 샵매니저라면 분명 기대한 만큼의 매출을 올리고 있을 것이라고 예상된다. 그렇다면 지금, 또 다른 온라인몰 운영 방법을 고민하고 있지 않을까? 아마도 그것은 온라인몰 프로모션의 꽃이라고 할 수 있는 '라이브방송'일 것이다. 코로나 시대, 우리 매장에도 같은 수순으로 백화점 측의 러브콜이 왔다.

"매니저님, 라이브방송 한번 해보실래요?"

불과 3년도 채 되지 않은 일이지만, 코로나19가 비대면 마케팅을 확장시키고, 그로 인해 온라인몰이 활성화되었으며, 그사이 시스템을 구축한 백화점이 드디어 라이브방송이라는 것을 시작하려고 했다. 하지만, 모든 처음이 그렇듯이 라이브방송에 대한 두려움은 백화점과 샵매니저 모두에게 있을 수밖에 없었다. 한 번도 해보지 않은 너무나 생소한 운영 방식이었기 때문이다. 하지만, 당사의 샵매니저들은 젊은 에너지를 보유한 실력자들이었기에, 두려움을 도전의 기회로 만들고자 했다. 그 결과, 지금의 라방 시대를 선두하는 그룹으로 인정받을 수 있었다.

그렇다면, 요즘 대세인 '라방'에 대해 살펴보고, 우선 라이브커머스라는 개념을 간략히 알아보자.

CHAPTER 1. 샵매니저의 차별화 변신 전략_ 온라인마케팅과 라이브방송

라이브커머스란 실시간 동영상 방송으로 상품을 판매하는 방식을 뜻하는데, 국내 라이브커머스 시장 규모는 2022년 2조 원에서 2023년 3조 원으로 약 45% 성장했다. 온라인 시장이 커진 이후 자연스럽게 이어진 시장의 확장이다.

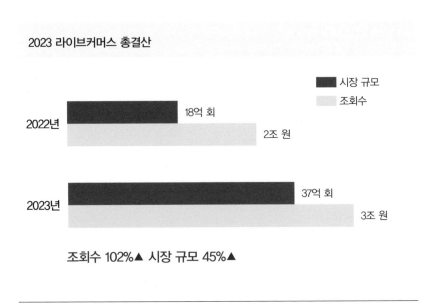

2023 라이브커머스 총결산

■ 시장 규모
□ 조회수

2022년 — 18억 회 / 2조 원

2023년 — 37억 회 / 3조 원

조회수 102%▲ 시장 규모 45%▲

출처 : 라방바 데이터랩 '2023 대한민국 라이브커머스 총결산'
(https://live.ecomm-data.com/comm/list?post_no=785)

이렇게 짧은 기간에 고공 행진을 할 수 있는 라이브커머스의 장점은 바로 '제약이 없다'라는 것이다. 방송장소와 방송장비가 스마트폰 하나로 해결되고, 온라인 플랫폼 유저가 기본 조건만 충족한다면 '누구나' 할 수 있기 때문이다.

라이브방송의 장점

누구나! 언제 어디서든! 최소비용으로 빠른 결과 확인

출처 : 글로벌휴먼스

사실 라이브커머스의 진가가 발휘된 카테고리는 패션이 아니라 주로 식품이었다. 라이브방송은 말 그대로 '라이브'한 것이 생명이다. 홈쇼핑과는 달리 럭셔리함이 아닌 날것 그대로의 모습을 통해 신뢰도를 높이는 게 소비 욕구의 핵심이기에, '산지직송'의 날것을 그대로 노출한 식품이 날개 돋힌 듯 팔렸다. 네이버에서 TV 광고를 통해 쇼핑 라이브를 홍보했던 것을 기억하는 분들도 많을 것이다.

라이브커머스를 통해 산지 생산자와 직접 연결되고, 그들이 들려주는 상품 정보와 직접 채취하는 생생한 현장, 펄떡펄떡 뛰는 갓 잡은 생선의 신선도가 소비자를 매혹시켰다. 사투리와 할머니 말씨는 오히려 소비자에게 진정성을 전달하는 긍정적인 요소로 작용했다.

라이브커머스의 확산

식품 카테고리에서의 성공은 라이브커머스 확산의 신호탄과 같은 역할을 했다. 줄줄이 라이브커머스 플랫폼이 등장했고, 자본력을 갖춘 백화점 역시 라이브방송 기술을 도입했다. 우리 매장들은 이런 시대적 흐름을 기꺼이 받아들여 마침내 라이브방송을 시작하기로 결심했다. 여러 번의 시도를 거쳐 드디어 '매출을 올리는' 라이브방송의 전략을 정립할 수 있게 되었다.

우선 라이브방송의 플랫폼은 최근 더 많아졌지만, 메인 채널 몇 가지만 요약해본다.

독자가 개인 라이브방송 관계자라면 플랫폼별 정보를 더 깊이 있게 살펴보고 '나에게 맞는' 플랫폼을 선택하기를 바란다. 다만, 여기서는 패션 카테고리, 특히 백화점 매장에서 샵매니저로서 라이브방송을 더욱 잘하고 싶은 분들을 중심으로 운영 전략을 요약해보고자 한다.

샵매니저는 라이브방송에서 쇼호스트가 아닌, '세일즈 호스트'의 역할을 해야 한다. 라이브방송은 날것의 효과를 극대화하는 세일즈 채널인 만큼, 샵

라이브커머스 플랫폼별 특징요약

명칭	N 쇼핑 LIVE	카카오쇼핑 LIVE	S	Grip
	네이버 쇼핑 라이브	카카오쇼핑 라이브	소스 라이브	그립
접근성	A	A	B	B
수수료	결제수단 수수료 + 라이브 매출연동 수수료 = 약 7%(오픈라이브) = 약 9%(라이브캘린더)	30%대	임대형 (월 단위 계약) 약 9.9%	입점형 1) 기본 10% 2) 전문 그리퍼 12%
입점 방법	네이버 스마트스토어 새싹등급(6/10) 이상 시 쇼핑윈도 판매자	내부 커머스팀이 선정 선물하기, 메이커스 등 판매효율 높을시 기회 有 (대기업/ 브랜드파워 중요)	누구나 입점 신청, 판매 가능	누구나 입점 신청, 판매 가능
장점	• 입점 문턱 낮음 • 유입시청자수 많음 • 판매자 주도 방송	• 유입시청자수 많음 • 전용 스튜디오 有 • 방송별 컨셉 有 • 방송 완성도 높음 • 시청자들의 만족도 상승	• 입점이 쉬움 • 제작비가 적음	• 입점이 쉬움 • 제작비가 적음 • 구매전환율 좋음 • 고객 소통 방송
단점	• 입점 업체 많음 • 고객유입을 위한 제작비 • 구매전환율 낮음(약 3%) • 사전 홍보MKT 필요	• 입점의 진입장벽 높음 • 수수료가 높음 • 카카오 주도식 방송 • 판매자의 의견 반영률↓	• 고객의 진입장벽 • 자사물 입점 기업 多	• 시청률이 낮은 편임 • 개인방송 多→퀄리티↓ • 저가상품 위주 방송 • 고가상품 판매율↓
고객 구매	네이버 스마트스토어로 연결/결제 가능 (간편 결제 시스템)	카카오 쇼핑으로 연결/결제 가능	앱 상품페이지에서 구매 가능	앱 상품페이지에서 구매 가능

출처 : 글로벌휴먼스

매니저의 방송은 홈쇼핑의 쇼호스트와 차별화되는 것이 좋다. 우리는 매장에서 직접 고객 응대를 실전으로 하는 전문가이므로, 더 직접적인 고객과의 소통을 바탕으로 하는 방송이 신뢰도를 높이는 방법일 것이다. 그래서 우리는 매장에서 샵매니저가 라이브방송을 할 때 그들을 '쇼호스트'가 아닌 '세일즈호스트'라고 부른다. 매장에서 고객에게 상품을 제안하듯이 카메라 앞에서 세일즈를 하는 매장 주인으로 인식하는 것이다. 샵매니저는 라이브방송의 쇼호스트가 아닌, '세일즈 호스트'다.

오프라인 매장의 샵매니저에게 라이브방송은 '기간 프로모션 중 하나의 이벤트'로 볼 수 있다. 할인이나 특별한 사은품 등을 제공하는 프로모션을 온라인에서 일정 기간 유지하면서 기간 내 효과를 극대화하는 일종의 홍보 이벤트인 셈이다. 실제로 매장에서 운영해본 라이브방송의 매출은 방송하는 30분 동안보다는 혜택이 유지되는 기간 전반에 걸쳐 매출향상을 견인하는 효과가 있었다. 누구나 할 수 있는 라이브방송이 매출을 이끄는 좋은 도구가 되기 위해서는 샵매니저의 전략이 필요한데, 그 전략의 시작은 다양한 각도의 분석이 우선되어야 한다.

먼저 주요 백화점 3사가 운용하는 라이브커머스 플랫폼을 살펴보자. 내 매장이 입점해 있는 플랫폼의 특성과 노출 영역별 효과를 알고 있는 것이 중요하다. 예를 들어, 네이버의 경우 '네이버 데이터랩'에서 해당 매장의 분석 통계를 확인할 수 있으므로, 방송 경험이 있다면 미리 데이터 분석을 하는 것이 좋다.

현대백화점 주요 라이브커머스 채널 '네이버 쇼핑 라이브'

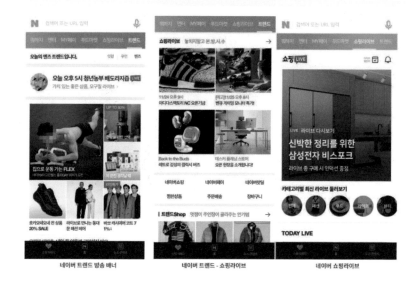

네이버 트렌드 방송 배너   네이버 트렌드 - 쇼핑라이브   네이버 쇼핑라이브

출처 : open.ads, 네이버

롯데백화점 주요 라이브커머스 채널 '소스라이브' 1

출처 : 롯데백화점 주요 라이브커머스 채널 '소스라이브' 메인화면

CHAPTER 1. 샵매니저의 차별화 변신 전략_ 온라인마케팅과 라이브방송

롯데백화점 주요 라이브커머스 채널 '소스라이브' 2

출처 : 롯데백화점 주요 라이브커머스 채널 '소스라이브' 메인화면

신세계백화점 주요 라이브커머스 채널 '쓱라이브, 신백라이브'

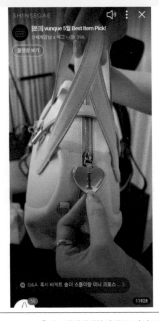

출처 : 신세계백화점 주요 라이브커머스 채널
'쓱라이브, 신백라이브' 메인화면

※ 단, 유통사별 타 플랫폼과의 연계 방송이 활발히 운영 중에 있어 반드시 하나의 플랫폼에 의존한다고 단언할 수 없다.

똑똑한 샵매니저는 이렇게 일합니다

네이버 Data Lab이란, 네이버 스마트스토어의 운영/관리자를 위한 쇼핑 인사이트 도출 지원 데이터 저장소로, 쇼핑 분야별 클릭 추이와 분야별 검색어 현황 등을 확인할 수 있다.

네이버 쇼핑 라이브의 Data Lab

출처 : 글로벌휴먼스, 네이버

CHAPTER 1. 샵매니저의 차별화 변신 전략_ 온라인마케팅과 라이브방송

샵매니저가 반드시 알아야 할 핵심 포인트

1. 라이브커머스는 실시간 동영상 방송으로 상품을 판매하는 방식으로, 국내 시장 규모는 약 3조 원으로 추산된다. 라이브커머스는 제약이 없어 누구나 할 수 있다는 장점이 있다. 초기에는 식품 카테고리에서 성공했지만, 이후 다양한 카테고리로 확산되었다.

2. 패션 카테고리, 특히 백화점 매장에서 샵매니저는 라이브방송에서 쇼호스트가 아닌 '세일즈 호스트'의 역할을 해야 한다. 라이브방송은 매장에서의 프로모션 이벤트처럼 운영할 수 있으며, 방송 기간 동안 매출향상 효과가 있다.

3. 주요 백화점 3사의 라이브커머스 플랫폼으로는 현대백화점의 '네이버 쇼핑 라이브', 신세계백화점의 '쓱라이브'와 '신백라이브', 롯데백화점의 '소스라이브' 등이 있다. 샵매니저는 자신의 매장이 입점한 플랫폼의 특성과 노출 영역별 효과를 분석하는 것이 중요하다.

Story _____ 3

생생한 라이브방송 운영 프로세스

지금부터는 백화점 샵매니저 기준으로 라이브방송을 운영하는 프로세스를 살펴보자.

#1. 기획(D – 30)

1. 온라인 MD 협의(운영 협의)

모든 프로모션이 그렇듯 라이브방송을 기획하기 위해서는 먼저 어떤 고객을 대상으로 언제 방송을 오픈할지, 방송 이후 제공 혜택 기간은 어느 정도가 되며, 결국 목표 매출은 얼마인지에 대한 전체적인 기획이 필요하다. 백화점의 경우, 오프라인 매장의 담당 플로어 매니저가 있듯이 온라인몰을 담당하는 '온라인 MD'가 이 월간 마케팅 플랜을 기획한다. 이들 역시 월간 목표 매출을 기반으로 달성을 위한 다양한 방법을 시도하게 되는데, 그중 하나의 프로모션이 바로 매장의 라이브방송이 된다. 프로모션이 종료될 때까지 온라인 MD와는 지속적인 소통이 필요하겠지만, 방송 확정을 위해 첫 번째로 논의해야 하는 어젠다는 다음과 같다.

- 방송 진행 플랫폼과 자체 채널 보유 확인
- 방송 일정
- 점 지원사항(추가할인, 노출, 홍보 등) 협의

백화점 고객을 대상으로 추가할 수 있는 지원 내역이 있으므로, 온라인 MD와의 협의에서 최대한 많은 지원을 받을 수 있도록 노력하는 것이 중요하다.

2. 브랜드/영업담당자 협의(물량 협의)

일정에 대한 협의가 이루어졌다면, 어떤 상품을 얼마나 준비하고 운용의 묘를 발휘할지에 대해 협업이 필요하다. 보통 해당 브랜드 측의 영업담당자와 협의하게 되는데, 이때 다음과 같은 사항들을 다룬다.

- 백화점 온라인 MD와의 협의 사항 공유
- 방송 날짜 확정
- 상품 및 고객 지원 혜택 협의
- 주력상품 확보(물량)

이를 통해 방송 시 제공할 고객과의 약속이 잘 이행될 수 있도록 세팅하는 것이다.

#2. 운영(D - 1)

1. 착수(방송 준비)

기획 단계에서 확정된 내용에 맞춰 방송 전까지 기획한 내용의 작업을 준비하는 단계다. 물론, 초반 기획에서 크게 벗어나지 않지만, 준비하는 기간에 작은 수정 및 보완이 이루어질 수 있다는 점은 영업인으로서 융통성 있게 관리해야 할 부분이다.

- 방송 컨셉 확정(주력상품의 특성을 반영한)
- 촬영장소 확정(매장 또는 스튜디오)
- 세일즈 호스트 투입 인원 확정(역할 배분)
- 대본 및 큐시트 작성/제작
- 방송 지원 확인(촬영/채팅창 댓글, 답변/프롬프터, 상품정리 등 역할 배분)

단 30분의 방송이지만, 준비해야 할 사항이 생각보다 많다. 하지만 경험을 쌓아가면서 몸에 금방 익혀질 정도의 업무들이다. 더불어 샵매니저의 영업 센스라면 횟수가 더해질수록 감도 있는 사전준비를 할 수 있을 것이다.

방송 컨셉은 판매상품과 계절, 혹은 그 시점의 이슈에 따라 브랜드와 잘 어울리는 분위기로 정해보자. 예를 들어, 트렌치코트를 주력으로 판매할 예정이라면 세일즈 호스트 투입 인원에 따라 계절의 변화와 고객 연령대 등을 고려해 발랄한 컨셉일지, 중후한 컨셉일지 등을 정하자는 의미다.

촬영장소는 가급적 '매장'이기를 바란다. 오프라인 고객이 몰리는 피크타임 방송이 아니라면(피크타임에 라방을 잡는 일은 거의 없으니까) 우리의 생생함은 매장에서 나온다. 필요에 따라 스튜디오 방송을 하는 경우도 있기는 하지만, 샵매니저가 직접 방송하는 라이브방송의 매력을 더하기 위해서는 매장에서 실행하는 것이 좋다.

본격적인 방송 준비를 위해 세일즈 호스트를 확정하고, 대본을 작성하는 시간에 공을 들여야 한다. 처음 방송을 하게 되면 이 시간이 가장 긴장되고

라이브방송 컨셉 잡기

구분	패션	푸드	뷰티	키즈
세일즈 호스트 특징	브랜드 이미지에 부합하는 세일즈 호스트 대표적인 비주얼 상품 (=착용 모습이 중요)	맛 표현, 맛 비교	피부 좋은 여성 세일즈 호스트	육아 경험 있는 세일즈 호스트
핵심 설명	디자인/소재/ 사이즈/핏	맛/유통기한/ 보관방법	브랜드/성분/효과	육아 공감 능력
VMD 연출	상품 착장 마네킹, 행거, 코디 아이템	조리도구, 테이블 세팅	사전 발색 테스트 필요(조명 조절) BEFORE/AFTER 모델 시연	아이 동반, 마네킹
방송				

* 세일즈 호스트, 인플루언서 섭외 방법 : 인스타그램 DM, 에이전시 등을 통해 인력 섭외

출처 : 글로벌휴먼스

똑똑한 샵매니저는 이렇게 일합니다

심지어 무섭기까지 하다. 하지만 라이브방송은 홈쇼핑과 다르다는 것을 인식하고, 고객 응대를 한다는 마음가짐으로 임해야 한다.

샵매니저가 사투리를 사용하거나 세련된 어휘를 잘 구사하지 못해도 상관없이 직접 방송하기를 바란다. 간혹 백화점 측에서 (비용 부담을 하며) 전문 쇼호스트를 지원해주는 경우가 있지만, 이를 권장하지는 않는다. 가급적 샵매니저의 주도하에 방송이 되도록 해야 한다.

다만, 첫 방송의 부담으로 쇼호스트를 지원받았다면, 샵매니저는 꼭 전문 셀러로 등장해 상품에 대한 셀링 포인트를 직접 소개하는 등 참여해야 한다. 나의 전문성이 고객에게 진정성으로 보일 것이다. 그래서 직접 대본 작성을 하는 것이다.

방송일까지 작성한 대본을 읽고 이미지 트레이닝하며 연습해서 최상의 방송 컨디션을 만들어야 한다. 대본을 보며 연습하다 보면 수정 및 보완 사항이 보이게 되는데, 괜찮다. 시간이 남아 있을 때 보완할 수 있으니 다행이다. 큰 틀에서 벗어나지 않는다면 중간중간 시청자가 참여할 수 있는 이벤트를 추가해보는 것도 추천한다. 방송은 생각보다 길기 때문이다.

여기서 잠깐 TIP. 대본 작성

드라마 시나리오처럼 우리도 방송을 위해 대본을 작성하는데, 특히 첫 방송이라면 보다 구체적으로 작성하기를 바란다.

라이브방송 대본 작성의 흐름

1	인사 / 혜택 안내
2	전체 보여주기
3	상세 설명 / 소통
4	Q & A
5	구매 확신 & 상품 재설명

출처 : 글로벌휴먼스

라이브방송에서는 매장에 입점하는 고객에게 하듯이, 찾아주신 고객에게 진심으로 감사한 마음을 '격한 환영'과 함께 전한다. 인사에서 가장 중요한 포인트다. "고객님, 지금 이 방송, 정말 잘 들어오셨습니다"처럼 환영과 함께 확신을 주는 멘트가 그것이다.

그리고 준비한 전체 아이템을 전체적으로 쭉, 먼저 보여준다. 방송에 대한 기대효과를 상승시키고, 고객의 머릿속에서 상품의 구성이 정리되는 효과가 있다.

다음은 상품을 하나하나 설명하되, 시간에 유의하면서 상품별 주요 장점 두 가지 정도에 집중해 스토리텔링한다. 너무 장황해도, 고객이 집중하기 어렵기 때문이다. 그러면서 고객과 소통하는 모습을 지속해서 보여야 하는데, 구매고객에 대해 감사함을 잊지 말고, 댓글을 읽거나 깜짝 이벤트를 하는 등의 재미를 주며, 고객으로 하여금 방송의 몰입과 구매욕을 올리는 데 도움받도록 한다.

그리고 고객이 문의하는 내용을 성실히 답변하되 상황에 따라 조절이 필요하다. 처음 이야기한 대로, 라방은 프로모션 중의 이벤트이며, 결국 고객이 해당 프로모션 자체에 관심과 호기심이 생기도록 운용하는 것이 포인트다. 따라서 모든 질문에 답을 하는 것이 아니라, 추가 궁금증을 불러일으키도록 Q & A를 조절한다.

그러다 보면 방송 종료 시간이 가까워질 것이고, 마무리에는 다시 한번 구매에 대한 확신과 더불어 정말 좋은 상품이고, 지금 방송에서의 혜택이 최고라는 쐐기를 박는 멘트가 필요하다. 성공적인 방송이었다면, 경험상 방송이 끝난 후에도 추가 매출이 발생하는 경우가 많다.

방송 시나리오 예시

인사 및 소개(약 3분)

[인사/브랜드/매장 소개]
안녕하세요. 여러분! 제가 잘 보이시면 댓글로 인사 한번 남겨주시고, 하트를 눌러주시면 감사하겠습니다.
오늘 제가 있는 곳은 클래식의 대명사이죠, 여러분들이 너무나 사랑하시는 닥스이고요!
여기는 롯데 본점 4층에 위치한 닥스 매장입니다.

[세일즈 호스트/매니저 소개]
제 소개를 먼저 해볼게요. 저는 오늘 30분 동안 여러분의 쇼핑을 책임질 세일즈 호스트 이지은입니다.
우리 매니저님도 고객님들께 인사 한마디 부탁드립니다.
(매니저님 인사)

[방송혜택 소개]
이번 라이브방송을 위해 우리 매니저님께서 특별히 준비하신 혜택이 있다고 해요.
10% 기본 할인혜택에 추가 20% 할인이 적용됩니다!
이제 S/S시즌이 시작했는데 '세일상품인가?' 하시는 고객님들!
전부 다 신상품! 입고된 지 얼마 안 된 따끈한 신상품이고요.
그중에서도 매장에서 반응 좋고, 잘 나가고 있는 베스트 상품으로만 구성했습니다.

좋은 것은 나누어야 한다고 하잖아요?
혼자 보시기 정말 아까운 혜택이니까 주변 친구분들한테도 꼭 안내하셔서 예쁜 옷, 좋은 가격에 구매하시면 좋을 것 같아요.

방송 공유는 위쪽 화살표를 눌러주시고요. 이번 혜택은 오늘부터 단, 5일만 지속됩니다.

자, 그러면 본격적으로 상품 소개를 해볼까요?
(설명 시작)

마무리 시작

여러분, 저희가 준비한 상품은 여기까지고요. 저의 원픽! "이건 꼭 사야 한다" 한번 보여드릴게요.
고객님들도 한 번 더 보고 싶으신 상품 있으시면, 댓글 남겨주시고요. 제가 바로 확인할게요.

– 저는~
– ㅇㅇㅇ 고객님께서 요청하신 이 상품을 한번 입어볼까요?
진짜 우리 고객님, 왠지 센스 있으신 분 같아요.

클로징

방송시간이 거의 다 되어서 이제 인사하고 마무리해야 할 것 같아요.
고객님, 이번 혜택을 절대로 놓치지 마시고, 주변 친구들, 가족분들과도 공유하셔서 예쁜 옷 장만하시고, 기분 좋은 봄 되시길 바라겠습니다.

[매장 소개 / 혜택 한 번 더]
그리고, 오늘 보여드렸던 상품에 대해 문의가 있으시면, 롯데 본점 닥스레이디스 4층 매장으로 전화 주시면 됩니다.
10%에 추가 20% 혜택, 절대 놓치지 마시고, 주변 지인들과 함께 예쁜 옷 장만하세요!

목요일 오후 기분 좋게 마무리하시고, 저는 이제 물러갈게요.
세일즈 호스트 이지은이었습니다.

감사합니다!

대본 작성을 하면 할수록 역시 방송은 혼자 하기 어렵겠다는 생각이 들 것이다. 그래서 샵매니저는 본인이 방송하게 된다면 직원들과 역할을 나누어 댓글 담당, 프롬프터 담당 등 각각의 업무가 동시에 진행될 수 있도록 해야 한다. 매장에서 판매할 때와 비슷한 경험일 것이다.

2. 물량확보/검수(물량준비)

전쟁터에 총알 없이 나갈 수 없듯이, 아무리 탄탄한 라이브방송을 준비했다고 하더라도 약속한 상품의 배송이 지연되면 다음을 기약하기 어려워진다. 고객은 냉정하다는 것을 우리는 너무나 잘 알고 있지 않은가.

그래서 방송물량 + 여유물량을 방송 D-7까지 매장에 입고될 수 있도록 운영한다. 고객에게 즉시 배송될 수 있도록 검수까지 마친 물량이어야 한다. 불량이나 추가판매에 대한 확보는 이후에 진행되겠지만, 시간이 필요한 일이므로 물량준비가 안 되면 결국 고객이 배송에 불만을 갖게 된다는 점을 기억해야 한다.

#3. 방송(D - day)

1. 고객 홍보(D-day)

방송을 위한 준비가 되었다면, 본격적으로 고객이 방송으로 유입될 수 있게 홍보한다. 경험상 매장에서 진행하는 라이브방송의 홍보는 며칠 전부터 꾸준히 하는 홍보가 효과적이지 않다. 고객이 피로를 느끼기 때문이다. 여러 타임라인별 고객 홍보를 해봤으나 큰 효과가 없었는데, 방송 당일 몇 가지 방법의 반응률이 높았던 것을 확인할 수 있었다.

- 고객 홍보를 위해서는 먼저 '방송예약'을 유도한다. 채널마다 방송예약 홍보기능 탭이 있다. 해당 기능을 활용해 고객이 방송을 기다리고 놓치지 않도록 홍보한다.
- 매장의 SNS나 기타 온라인채널을 활용해 홍보한다(기획전 이미지 필요). 이때 백화점 고객 데이터와 매장의 고객 데이터를 활용해 고객 문자를 발송할 수 있으면 좋다.
- 비용을 들여 외부 마케팅 업체를 활용하는 것도 방법이다.

네이버 쇼핑 라이브방송 예약 기능

원하는 시간대에 미리 라이브를 예약할 수 있습니다. 예약된 라이브는 예약 목록에서 확인할 수 있고, 예약된 시간이 되면 앱으로 알림을 드려요!

예약된 라이브는 타이틀, 대표이미지 수정이 불가능합니다. 수정을 원하실 경우 기존 방송을 삭제하신 후 새로 방송을 예약해주세요.

예약된 라이브는 방송 시작 전까지 상품 수정이 불가능합니다. 라이브방송이 시작된 후부터는 상품 수정이 가능합니다.

출처 : 글로벌휴먼스

2. 최종 점검 및 리허설(D-day)

우리는 매장의 프로패셔널이고 아직 라이브방송은 경험이 부족하므로, 최종 리허설을 반드시 해야 한다. 함께 방송하는 세일즈 호스트 및 역할별 담당자들과 운영 시뮬레이션을 해보는 것도 의미가 있고, 특히 상품 디테일을 보여주는 등의 시연이 필요할 시 사전 테스팅을 통해 방송사고 없이 원하는 설명이 전달될 수 있도록 해야 한다. 가끔 '홈쇼핑 방송사고'라는 영상들이 우리에게 웃음을 주기도 하지만, 방송하는 입장에서 샵매니저에게 이런 방송사고는 절대 금물이다.

최종 점검 리스트

- 상품 수량(촬영용/DP(Display용)), 고객 발송용 여유 재고 재확인
- 상품 상태 점검
- 상품 금액(혜택) 점검
- 기획전 업로드 점검 : 기획전 소식 채널 내 업로드 상황 확인, POP 등 이미지 확인
- 카메라(핸드폰), 조명, 노트북, 마이크 확인
- 송출상태 확인

스토어 라이브방송 최종 리허설

출처 : 글로벌휴먼스

CHAPTER 1. 샵매니저의 차별화 변신 전략_ 온라인마케팅과 라이브방송

3. ON AIR(D-day)

드디어 방송시간이다. 방송 10분 전까지 최종 확인이 필요하다.

- 세일즈 호스트 비주얼 점검(의상, 메이크업, 손 등)
- 프롬프터 확인(상품 정보, 가격, 용어 등)
- 카메라 설정(방해 금지 모드 설정, 좌우 반전 확인)
- 카메라 위치 세팅(댓글 창 위치 고려)

최종 확인을 마치면, 열정적으로 방송한다. 준비한 만큼 진심을 다한다면 그 진정성을 시청하는 고객이 알아줄 것이다.

 여기서 잠깐 TIP. 라이브방송 성공을 위해서는 VIEW를 높이고, ♥를 늘려라!

30분 라이브방송의 성공 여부는 당연히 매출이지만, 짧은 시간의 매출이 아쉽다면 필사적으로 올려야 하는 것이 두 가지인데, 그것이 바로 VIEW 와 ♥다.

라방에서의 VIEW란 온라인상에서의 '매장 방문고객'과 같다. 짧은 시간에 내 매장에 방문해주는 고객 수에 따라 매출은 정비례한다. 그러므로 효과 높은 홍보를 통해 매장으로의 방문을 늘려야 한다.

경험에 따르면, 일반적으로 매장의 라이브방송이 800 정도 수준일 때, 평소 '고객 관리'가 잘되어 있고, 특히 데이터로 고객 관리를 하는 매장일수록 VIEW 수는 올라가게 된다. 당사의 매장 중 오프라인 고객이 많고, 데이터 관리가 잘되어 있던 매장이 방송하자 나온 VIEW는 1만 4,000뷰가 넘었다. 1만 명이 넘는 고객이 동 시간 매장에 방문한 것이다.

뷰가 높아지면 동시에 자연스레 ♥도 올라가게 되는데, 주변을 총동원해

♥를 올리는 작업도 방송 중 일어나야 하는 전략이다.

왜냐하면 이러한 VIEW와 ♥가 높으면, 방송이 끝나더라도 온라인몰 상위에 링크가 유지되어 프로모션 기간 내 노출도가 자연스레 높아지기 때문이다. 노출도가 좋다는 것은 구매 확률을 높이는 중요한 점이라는 것은 온라인을 하는 샵매니저라면 또렷하게 알고 있을 것이다.

라이브방송 중 VIEW와 ♥ 전략

출처 : 글로벌휴먼스

#4. 사후관리(D+1)

성공적으로 방송을 마쳤다면, 지금부터는 다음 방송과 다음 프로모션을 위해 고객과의 약속을 지켜야 한다. 지금부터의 작업들이 고객과의 신뢰를 쌓는 중요한 일이 될 것이다.

- 주문량 체크 및 배송 진행
- 주문량 저조 시 추가 홍보 : 기간 중 방송링크를 활용해 고객 LMS 발송
- 방송 시청 시간 내 장바구니, 구매결과 확인(MD 문의)
- 이벤트 당첨자 사은품 배송

라이브방송 프로세스

1	백화점 MD 소통
2	본사 영업담당자 소통
3	기획 착수
4	물량확보/검수
5	고객 홍보진행
6	사전준비 점검 & 리허설
7	라이브방송
8	후속 관리

출처 : 글로벌휴먼스

똑똑한 샵매니저는 이렇게 일합니다

더욱 상세한 라이브방송 실무를 배우고 싶다면?

〈크몽〉 마케팅 레슨

라이브방송
하는 방법을
전부 알려 드립니다.
https://kmong.com/
gig/293632

* 크몽에서 '글로벌휴먼스'를 검색하세요.

출처 : 글로벌휴먼스, 크몽

샵매니저가 반드시 알아야 할 핵심 포인트

라이브방송 운영 프로세스 가이드

1. 기획 단계(D-30)
- 온라인 MD와 방송 플랫폼, 일정, 지원사항 등을 협의
- 브랜드/영업담당자와 상품, 물량, 혜택 등을 협의

2. 운영 단계(D-1)
- 방송 컨셉, 촬영장소, 세일즈 호스트, 대본/큐시트 준비
- 방송 지원인력 역할 분담
- 방송 물량확보 및 검수

3. 방송 당일(D-day)
- 고객 홍보(방송예약 유도, SNS, 문자 등)
- 최종 점검 및 리허설
- 본방송 진행(VIEW와 좋아요 높이기 전략 활용)

4. 사후 관리(D+1)
- 주문량 체크 및 배송 진행
- 주문 저조 시 추가 홍보
- 구매 결과 확인 및 이벤트 당첨자 사은품 발송

똑똑한 샵매니저는 이렇게 일합니다

SMART SHOP MANAGER

CHAPTER

2

"계획 없이 목표를 세우면 그것은 단지 꿈에 불과하다."

– 브라이언 트레이시

샵매니저의 똑똑한 재무 전략_
숫자로 읽는 세일즈 스토리

아침이다. 포스(POS, Point Of Sales)를 열었다. 무엇이 보이는가.

내 매장의 아침을 열 때 샵매니저는 무엇으로 하루를 시작해야 할까. 바로 숫자다. 숫자는 내 매장의 히스토리를 보여준다. 연간 사업계획의 숫자, 월간 사업계획의 숫자, 어제까지의 숫자, 아라비아 숫자가 말해주는 실적의 추이를 읽어내는 사람이 바로 샵매니저다. 어제까지의 숫자로 그동안의 달성률과 작년 대비 신장률을 읽고 오늘과 이번 주, 이번 달 마감을 예측할 수 있는 것이 진정한 샵매니저가 아닐까.

이것은 마치 운전면허를 따고, 운전실력을 쌓는 것과 비슷하다. 면허를 처음 땄을 때, 초보운전 때는 핸들만 잡아도 막 떨리고 땀이 난다. 내가 배운 게 뭐였는지, 내가 뭘 밟고 있는지도 아주 의식적으로 신경 써야 길이 보인다. 의식적 무지상태다. 그렇게 시간을 투자해 열심히 운전하다 보면 어느새 큰 어려움 없이 안정적인 상태를 유지한다. 이 단계는 의식적 지식이다. 이후 소위 베테랑 운전실력을 갖추면 바야흐로 안정적인 운전으로 목적지까지 갈 수 있다. 블루투스로 전화도 하고, 다양한 길로 접어들 수도 있다. 이 단계가 무의식적 지식상태다. 우리가 영업하는 것도 숫자를 읽는 무수한 연습을 통해 이것이 몸에 배어서 무의식적 지식상태가 되도록 하는 것이다.

패션샵, 레스토랑, 커피숍 모두 마찬가지다. 우리의 노하우는 아이템만 다를 뿐 영업하는 오프라인 매장이라면 모두 통하는 진리라는 것을 기억하자. 디테일에 차이가 다소 있을 수 있어도 매장을 경영하는 샵매니저에게는 꼭 필요한 요소들이라는 것을.

샵매니저라면 많은 숫자와 익숙해져야 한다. 그럼, 익숙해져야 하는 숫자는 어떤 것들이 있을까.

샵매니저가 읽어야 할 첫 번째 숫자, 매출계획과 실적표

매장의 규모나 브랜드 종속에 따라 다르겠지만, 매장은 최소 연간/월간 달성해야 하는 매출목표, 즉 사업계획을 갖는다.

사업계획은 매장의 규모와 상권, 마진 등이 반영된 숫자일 것이고, 반드시 달성해야 하는 매장의 미션이다. 이것을 보통 월간으로 나누어 월별 매출목표를 산출하게 되는데, 내 업종의 특성에 따라 쪼개어볼 수 있다. 패션처럼 SS, FW의 시즌이 있는 경우에는 보통 FW 시즌, 즉 8, 9, 10, 11, 12월 그중에서도 특히 10, 11, 12월의 매출비중이 가장 높다. 객단가가 높은 아우터의 판매가 중요하기 때문이다. 비수기는 6, 7월인 휴가 시즌이다. 하지만 만약 내가 아웃도어/수영복 매장을 운영한다면? 해당 기간의 매출비중이 높을 수밖에 없을 것이고, 이처럼 내 매장의 특성에 따라 월별 목표는 달라지게 된다.

중요한 것은 이러한 사업계획과 월별 목표를 인지하고 그 숫자를 달성할 수 있도록 계획을 짜는 것인데, 이것은 일종의 훈련이다. 이 훈련이 안 된다면 매장은 하루하루를 사는 슬픈 하루살이가 되어버린다.

훈련을 위해서 숫자를 입으로 읽어 연습하라고 권한다.

"올해 우리 매장의 사업계획은 전년보다 20% 신장된 12억 원이고, 1월에서 5월까지의 누계목표는 6억 원, 어제까지의 실적은 5억 8,000만 원으로

97% 달성이다. 전년 5억 원 실적 대비 116% 신장 중이다. 5월에는 선물 시즌에 경쟁사가 오픈해 차질액이 발생한 것이 아쉬움인데, 6월 목표가 1억 원으로 10% 신장해야 하는 상황에서 고객 초대전을 통해 달성할 계획이다."

이런 식으로 내 매장의 스토리를 숫자와 함께 입으로 말하는 것이다. 샵매니저의 브리핑은 이렇게 이루어져야 한다. 그러고 나서는 점점 계획을 세분화해보자. 월간 목표 달성을 위해서 주간 단위로 목표를 쪼개는데, 프로모션이 있거나 상권의 이슈가 있다면 그것을 반영하면 된다. 일주일간 영업을 하고, 주말에 실적을 확인해 차질액을 파악한다. +면 좋고, -면 차주에 차질액을 포함한 주간목표가 재설정되는 것이다.

매출달성을 위한 매장일지

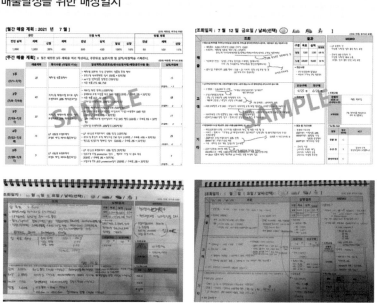

출처 : 글로벌휴먼스

샵매니저가 반드시 알아야 할 핵심 포인트

1. 샵매니저에게 첫 번째로 중요한 숫자는 '매출계획과 실적표'
다. 매장은 연간/월간 달성해야 하는 매출목표인 사업계획을
갖는다. 이는 매장 규모, 상권, 마진 등을 반영한 숫자로 매장
의 미션이다.

2. 월별 매출목표는 업종 특성에 따라 달라진다. 예를 들어 패션
매장의 경우 FW 시즌(10~12월)에 매출비중이 높고, 아웃도어
매장은 휴가 시즌(6~7월)에 매출비중이 높다.

3. 사업계획과 월별 목표를 인지하고, 그 숫자를 달성하도록 계
획을 세운다. 그렇지 않으면 매장은 하루살이가 된다.

4. 숫자를 입으로 읽어 연습하라.

"올해 사업계획 12억 원, 5월까지 목표 6억 원, 실적 5억
8,000만 원 달성…."

이런 식으로 매장 스토리를 숫자와 함께 말해본다. 월간 목
표를 주간 단위로 세분화하고, 주말마다 실적을 확인해 차주
목표를 재설정한다.

샵매니저가 읽어야 할 두 번째 숫자, 매장의 총알 – 상품

상품의 적정재고가 있어야 안정적인 이익을 낼 수 있는데, 고객이 방문해 상품을 찾는데 재고가 없다면? 그야말로 준비가 안 되어 있는 것이 아닌가. 고객에게 가장 신뢰를 얻지 못하는 것이 '결품'이다. 물론, 너무 잘 팔려서 '조기품절'이 된다면 행복하겠지만, 기본적으로 총알이 부족해서 매출을 올리지 못한다면 영업할 기본이 안 되어 있는 것이다. 반대로 너무 많은 재고는 관리비용 증가와 폐기 발생 등 부담으로 작용할 수 있으니 내 매장의 사업계획(매출규모)에 따라 재고를 확보하는 것이 중요하다.

특히 샵매니저는 내 매장에서 잘 나가는, 유통 슬랭으로 소위 '밥줄'이라고 말하는 '주력상품'에 대한 이해와 재고 확보를 해야 하는데, 이를 바탕으로 '상품 소진 계획'이 수립되어야 하기 때문이다.

패션브랜드의 경우, 한 시즌을 기획/생산할 때 보통 전략상품(=판매 주력상품)이 시즌 매출의 70%를 차지하도록 한다. 이 외의 상품군은 시즌 컨셉과 브랜드의 트렌드를 보여주는 상품들인데, 초도물량은 상권과 고객 특성을 반영해 수요 예측하고 매장별로 배분한다. 이후 시즌을 보내면서 판매추이에 따라 물량이동이 이루어지는데, 브랜드 입장에서의 궁극적인 목표는 무엇이 겠는가. 사실 브랜드 입장에서는 어느 매장에서 팔리든 상관없이 전체 재고를 기준으로 '모두 소진'되는 것이 목표다. 그래서 다양한 상품의 이동이 이루어지는 것이다.

그럼 매장의 입장에서는 브랜드의 손에서 이동되는 물량이동을 계속 수행만 할 것인가? 전략상품의 경우는 내 매장에서도, 저 매장에서도 인기 있기는 마찬가지 아닌가. 샵매니저는 매장의 재고를 기반으로 내 매장에서 잘 '팔아내는' 전략을 수행해 매출을 활성화해야 한다. 그래야 해당 물량이 내 매장으로 더 들어오게 된다.

이런 경우도 있다. 분명히 내 매장에서는 잘 안 나가는데, 다른 매장에서

매장 재고조사와 전략상품의 확보

출처 : 글로벌휴먼스

똑똑한 샵매니저는 이렇게 일합니다

잘 나가는 상품이 있고, 내 매장에서는 잘 나가는데 다른 매장은 못 파는 상품이 있다. 이런 경우 샵매니저는 어떻게 해야 할까?

전략적으로 그 두 상품을 교환하는 협업을 하면 된다. 브랜드의 매장이라면 관리하는 영업사원이나 물량담당이 있을 것인데 이들과 협의해 기브 앤테이크를 하는 것이다. 브랜드 입장에서는 이만큼 고마운 일이 없다. 결국, 두 상품 모두의 재고가 소진될 것이기 때문이다. 다만, 물량이동을 요청할 때는 보다 논리적인 표현으로 제안하는 것이 비즈니스 세계에서 당연한 이야기일 것이다.

시즌 전략상품의 진열 및 구성

출처 : 글로벌휴먼스

상품을 확보하고 내 매장의 재고를 관리하는 것이 곧 '돈'을 관리하는 것이다. 그래서 꼼꼼한 샵매니저의 매장은 최소 상품군을 기준으로 매일 재고

조사를 하는데, 그 모습이 매장이나 시스템 도입에 따라 다소 차이가 있다.

필자가 매장에 근무하던 시절에는 그날의 아이템을 지정하고, A4용지에 스타일 번호를 쓰고, 바를 정(正)자를 그어가며 실물과 데이터 재고를 확인했다. 하지만 지금은 많은 브랜드가 RFID 시스템을 도입해 백화점 패션 매장 기준으로 약 30분이면 전체 재고조사가 가능하다. RFID란, Radio Frequency IDentification의 줄임말로, 상품에 부착된 칩을 리더기로 읽어내어 상품 하나하나의 이동 경로를 파악할 수 있게 하는 시스템을 말한다. 쉽게 상품별로 주민등록번호가 매겨진다고 생각하면 되는데, 이를 통해 상품 낱낱의 재고를 파악하게 되고, 그만큼 '재고 소진'의 효율을 볼 수 있게 되는 것이다. 브랜드 입장에서는 온·오프라인의 재고 품절률을 줄이고, 마지막 한 장까지 실시간으로 팔아낼 수 있는 기술이 생긴 것이다.

중요한 것은 이러한 재고를 '팔아내는' 매장의 힘이다. 왜 같은 시절, 같은 상황을 사는데 어느 매장은 상품을 팔아내고, 어느 매장은 비관만 하게 되는 것일까? 모든 답은 매장 안에 있다.

○○어묵을 컨설팅한 어느 컨설턴트님의 이야기다.

이 브랜드도 다양한 지역과 유통에서 매장을 운영하고 있었는데, 비슷한 컨디션, 비슷한 상권의 두 매장에서의 재고 소진의 실적이 매장의 샵매니저 역량에 따라 달라지더라는 것이다. 실제로 상품에 대한 이해가 아주 풍부한 A매장의 샵매니저가 판매를 위해 실행한 전략은 이렇다.

어묵은 튀기고 나서 30분 내가 가장 맛있다고 한다. 식품이다 보니 민감한 타임 가이드를 가지고 있을 수밖에 없다. A매니저는 오픈 전, 매출목표를 확인하고 상권의 이벤트나 이슈, 오늘의 방문고객 수를 예측한다. 수요 예측이다. 하지만 30분의 타임라인을 지키는 수요 예측을 하려면, 이 고객을 시간별 간격으로 쪼개어 수요를 예측해야 한다. 그래야 고객에게 최상의 상품을 내놓을 수 있기 때문이다. 그렇게 예측된 수요의 적중률이 높을수록 매장은 재고 소진을 할 확률이 올라가게 되고, 고객 경험의 만족을 통한 재구매가 이루어지는 것이다.

황창환 삼진식품 대표 인터뷰 기사

어묵을 파는 회사가 아니다?
브랜드를 파는 회사다!

출처 : 한국능률협회컨설팅 공식 블로그

샵매니저가 반드시 알아야 할 핵심 포인트

1. 샵매니저에게 두 번째로 중요한 숫자는 상품의 적정 재고 관리다. 부족한 재고는 고객의 신뢰를 얻지 못하고, 너무 많은 재고는 관리비용 증가와 폐기 문제가 생긴다.

2. 매장의 주력상품에 대한 이해와 재고 확보가 중요하다. 이를 바탕으로 '상품 소진 계획'을 수립해야 한다. 브랜드 입장에서는 전체 재고를 모두 소진하는 것이 목표다.

3. 매장 입장에서는 자신의 매장에서 잘 팔리는 상품을 확보하는 전략이 필요하다. 다른 매장과 상품 물량을 교환하는 등의 협업도 가능하다.

4. 꼼꼼한 재고 관리를 통해 '돈'을 관리해야 한다. 과거에는 수작업으로 재고를 조사했지만, 최근에는 RFID 시스템을 도입해 효율적으로 관리하고 있다.

5. 재고를 잘 '팔아내는' 매장의 역량이 중요하다. 고객 수요를 정확히 예측하고, 최상의 상품을 제공하는 매장이 재고 소진에 성공할 수 있다.

샵매니저가 읽어야 할 세 번째 숫자, 매출촉진을 위한 다양한 프로모션의 운영과 실적

숫자는 재고 소진과 연결되는 개념이다. 프로모션이라는 게 무엇인가. 매출목표를 달성하기 위한 촉매제가 아닌가. 가만히만 있어도 매출이 달성되는 매장이라면 할 말 없지만, 우리의 시대가 그렇지 않다고 계속 말하고 있다(사실 가만히 있어도 목표가 달성된다면, 나는 그 목표를 상향해 돈을 더 벌 수 있는 기회를 만들겠다).

샵매니저가 읽어야 할 첫 번째 숫자에서 연간 사업계획을 월간, 주간으로 쪼개어 달성계획을 수립 및 실행하자고 제안했다. 프로모션은 이런 개념에서 월간, 주간 단위에 활용해 매출달성을 촉진할 수 있는 요소인데, 브랜드 매장이라면 기본적으로 브랜드에서 기획하는 전 매장 공통 프로모션이 있을 것이다. 이것을 '전사 프로모션'이라고 한다면, 전사 프로모션이 진행되는 달은 알차게 활용해야 한다. 보통의 전사 프로모션은 '가격할인'인 경우가 많다. 이역시 시즌오프나 어떠한 상황에 맞춰 제공되는 경우인데, 가장 즉각적인 매출촉매제가 되는 것이 현실이다.

다만, 여기서 말하고 싶은 프로모션은 남이 주는 먹이 말고, 매장의 샵매니저가 기획해 운영하는 프로모션이다. 할인이 가장 직접적인 프로모션이라고 해서 계속 할인만 한다면 우리 매장은 어떻게 될까? 상권 내 모든 매장이 할인을 진행한다면 그 상권은 어떻게 될까? 장기적으로 볼 때 이벤트성이 아닌 할인 프로모션은 제 살 깎아 먹기다. 고객은 할인을 경험하러 오프라인에 오기보다는 다양함을 경험하기 위해 온다. '가격'이 핵심이라면 오프라인에 굳이 나올 이유가 없다.

그래서 매장은 매장만의 특화된 프로모션을 생각할 필요가 있다. 실제로 매장의 고객과 상황을 가장 잘 이해하는 샵매니저의 아이디어로 실행된 프로모션이 전사 프로모션보다 반응률이 높은 것은 분명하다. 매장에서 운영되는 프로모션을 ISP라고 한다. In Store Promotion의 약자다. ISP는 굳이 거창할 필요는 없다고 생각한다. 인풋을 최소화하고 반응률을 높이는 데 주목한다면, 내 고객의 특성을 바탕으로 운영된 프로모션이 매출을 견인해줄 것이기 때문이다.

예를 들면, 주요 고객이 40~50대 여성인 매장에서 고객 입점이 급격히 떨어진 상황에 샵매니저가 이런 이벤트를 기획하고 실적을 만들었는데, 바로 '스크래치 복권 이벤트'다. 이 매장은 '사랑방' 같은 느낌으로 고객들이 드나들어야 하는데, 그러기 위해서는 매장에 재미가 있어야 한다는 것이 샵매니저의 아이디어였다. 고민 끝에 인터넷 주문을 통해 스크래치 복권을 제작했고, 당첨에 따라 사은품을 제공했다. 매장에 왔다가 놀고 가는 기분이 들었다. 함께 웃을 수 있었고, 오픈마인드가 된 고객은 상품을 추가 구매한다. 스크래치 복권의 제작비는 약 5만 원, 이를 통한 결과는 MS(Market Share, 마켓셰어) 5위에서 3위로의 점핑이었다. 인풋 대비 아웃풋이 훌륭하다. 해볼 만하지 않은가. 더 큰 성과는 이후다. 고객의 방문이 잦아졌다. 단골이 늘었다. 매장이 북적인다. 고객이 다른 고객을 모시고 재방문한다.

ISP(In Store Promotion)의 사례

신세계 의정부 헤지스골프매장
신규프로모션행사

▼ 동전으로 긁어주세요!!!

출처 : 글로벌휴먼스

비슷하게는 입점 자체를 유도하는 프로모션을 실행한 매장도 있다. 오픈 이벤트로 많이 활용되는 방법이기는 하지만, 신규고객이 필요할 때 활용하면 효과가 좋다. 바로 럭키드로우, 룰렛이벤트 등이 그것이다.

도파민이 필요한 현대인에게 오프라인 매장의 프로모션은 '즐거움'을 주는 데 초점을 두고 기획해보는 것을 추천한다. 사은품을 제공하더라도 고객이 매장의 활동에 '참여'하도록 해서 매장의 경험이 즐겁게 인식될 수 있도록 하는 것이다. 이를 위해서는 샵매니저가 매장이라는 공간을 판매하는 공간이라는 고정관념에서 벗어나, 브랜드를 해치지 않으면서 고객이 다양한 경험을 할 수 있도록 하는 특별함이 있는 공간이 될 수 있다는 폭넓은 사고를 해야 할 필요성이 있다.

고객의 호기심 유발을 위한 ISP

출처 : 글로벌휴먼스

샵매니저가 반드시 알아야 할 핵심 포인트

1. 샵매니저에게 세 번째로 중요한 숫자는 매출을 촉진하기 위한 다양한 프로모션의 운영과 실적이다.

2. 브랜드에서 기획한 전사 프로모션(주로 가격할인)이 있지만, 샵매니저가 직접 기획하는 매장 단위 프로모션인 ISP(In Store Promotion)가 중요하다. ISP는 해당 매장 고객의 특성을 반영해 고객 반응을 높일 수 있다.

3. 할인 프로모션 외에도 고객에게 '즐거움'을 주는 참여형 프로모션이 효과적이다. 예를 들어 스크래치 복권, 럭키드로우, 룰렛 이벤트 등을 통해 고객이 매장 활동에 참여하도록 하면 매출증대에 도움이 된다.

4. 샵매니저는 매장을 판매 공간을 넘어 브랜드 가치를 해치지 않으면서도 고객에게 특별한 경험을 제공하는 공간으로 인식할 필요가 있다.

샵매니저가 읽어야 할 네 번째 숫자, 영업의 결과 – 손익 관리표

우리는 이윤을 추구하는 집단이다. 남는 장사를 해야 한다는 것이다. 매장의 규모에 따라 다르겠지만, 매장의 매출목표를 달성하기 위해 다양한 방법으로 다양한 인풋이 들어가게 되는 것은 순리다. 그것을 얼마나 알뜰하게 운용해 브랜드의 가치를 유지하면서 더욱 효율적인 손익 관리를 하느냐. 이것의 싸움이라는 말이다.

우선 매장에서 사용하는 비용은 무엇이 있는지 살펴보자.

내 매장의 거래형태에 따라 차이가 있겠지만, 우리는 오프라인 공간을 활용하고 있으므로 가장 크면서도 무서운 비용이 매장임대료일 것이다. 월별로 계약된 금액이 있을 텐데 상권에 따라 편차가 크다. 임대료만큼이나 큰 비중을 차지하는 것은 인건비일 것이다. 매출규모에 따라 해당 매장의 필요인력(T/O, Table of Organization)이 계산될 텐데, 당사 기준으로 연간 10억 원 매장이면 최소 T/O가 3명이다. 해당 인원의 인건비에 포함되는 항목은 4대 보험과 제공되는 복리후생비, 퇴직충당금 등이다.

매장의 비용

연간 10억 원 매출을 올리는 매장이면 최소 T/O 3명

인건비
+ 4대 보험, 복리후생비, 퇴직충당금

매장 운영과 매출 활성화를 위한 비용

소모품비, 수선비, 운반비, 프로모션/사은품비,
여비교통비, 통신비, 수도/전기세, 근무복, 간식비

출처 : 글로벌휴먼스

이 외에도 다양한 지출이 발생하는데 소모품비, 수선비, 운반비, 프로모션/사은품비, 여비교통비, 통신비, 수도/전기세, 근무복, 간식비 등 매장 운영과 매출 활성화를 위한 비용들이다.

손익이라는 것은 결국 '매장 영업 및 운영 과정에서 발생한 기간 매출과 기간 비용의 차액'인 데, 앞서 나열했던 항목들의 지출을 매출에서 감하고 남는 순수익을 의미한다. '경영'을 하는 샵매니저라면 이러한 손익의 계산을 관리하는 것은 물론, 개선하기 위해서 전략을 실행할 수 있어야 하는데, 그러기 위해서는 지출항목을 구분해서 볼 필요가 있다. 바로 지출비용의 고정비와 변동비로 말이다.

고정비는 말 그대로 월간 고정적으로 지출되는 비용이다. 거의 변동이 없다. 즉, 해당 항목의 금액은 영업하는 데 있어서 반드시 확보되어야 하는 금액이라는 것이다. 임대료, 인건비 등이 주요항목이고, 이 예산이 확보되지 않으면 '월급을 못 주는' 샵매니저가 되는 것이다.

변동비는 월간 비례적으로 조정이 가능한 항목들이라고 할 수 있을 텐데, 수선비 등이 포함된다. 심플하게 '아끼면 줄일 수 있는' 항목들이다. 손익이 좋은 매장 영업을 위해서 변동항목들을 줄이고 줄여 "아껴 살아요"라고 말하고 싶지 않다. 전략적으로 운용할 수 있어야 한다. 현재 내 매장의 상태에 따라 손익을 좋게 만드는 전략을 실행해야 한다는 것인데, 좋은 손익을 이루는 방법은 크게 보면 매출을 향상하거나, 운영 관리비를 줄이거나 이 두 가지가 아닐까?

매장은 손익을 내기 위해 지속적이고 다양한 매출활동과 비용절감활동을 수행할 필요가 있다. 그것은 고객에게 어떤 가치를 전달할 것이냐에 따라 방법적 차이가 있을 수 있는데, 다양한 지출 활동을 인식, 측정해 기록하고 정리한 후 그 내용을 분석해 매출성과와 손익 상태를 파악하고 미래를 계획해야 한다. 현재의 매출성과를 알고, 지출 상태를 파악한 뒤 늘리고 줄일 항목과 예산(budget)을 산출해내는 것이다. 이러한 프로세스로 진행해야 하므로 월간 어느 정도의 조정이 필요할 수 있고, 샵매니저의 전략에 따라 손익이 좋은 매장이 될 수 있다.

매장 손익관리

매장 손익 관리 양식의 예

계정과목	적요	금액(원)
매출액	해당 월 매출액	
고정비	기본 인건비	
	인센티브	
	아르바이트	
	특근	
변동비	소모품비	
	수선비	
	프로모션	
	사은품비	

출처 : 글로벌휴먼스

CHAPTER 2. 샵매니저의 똑똑한 재무 전략_숫자로 읽는 세일즈 스토리

숫자는 비즈니스 언어다. 숫자가 보여주는 스토리를 제대로 읽어내지 못하는 샵매니저는 '경영인'이라고 칭하기 어렵다. 내가 현재 숫자에 약하다고 느낀다면, 오늘부터 열심히 노력해볼 필요가 있다는 것이다. 우리는 Shop Manager 즉, 매장을 Management 하는 사람이고, Management는 숫자로부터 시작된다는 사실을 잊지 않길 바란다.

 여기서 잠깐 TIP. 샵매니저라면 친해져야 할 네 가지 숫자

1. 매출계획과 실적표

2. 상품 재고 수량

3. 프로모션의 운영 실적

4. 손익 관리

샵매니저가 반드시 알아야 할 핵심 포인트

1. 샵매니저에게 네 번째로 중요한 숫자는 다양한 활동의 결과 표라고 할 수 있는 '손익 관리'다.

2. 이윤을 추구하는 집단은 장사를 해야 한다. 매장의 규모에 따라 다르겠지만, 매출목표를 달성하기 위해 다양한 인풋이 들어가게 되는데, 이를 얼마나 효율적으로 운용해 손익 관리를 잘하는지가 관건이다.

3. 매장에서 사용하는 주요 비용은 임대료, 인건비, 소모품비, 수선비, 운반비, 프로모션비, 여비교통비, 공과금 등이 있다. 손익은 기간 매출에서 이러한 비용을 제한 순수익을 의미한다.

4. 샵매니저는 손익 계산을 관리할 뿐만 아니라, 지출항목을 고정비와 변동비로 구분해 전략적으로 운용해야 한다. 고정비는 반드시 확보해야 하는 필수 예산이고, 변동비는 상황에 따라 조정 가능한 항목이다.

5. 좋은 손익을 내기 위해서는 지속적인 매출 활동과 비용 절감 활동이 필요하다. 매출성과와 지출 상태를 파악해 늘리고 줄일 항목과 예산을 산출해내는 프로세스를 통해 손익을 개선할 수 있다.

6. 숫자는 비즈니스 언어이므로, 숫자가 보여주는 스토리를 제대로 읽어내는 능력이 샵매니저에게 필수적이다.

CHAPTER

3

"고객이 원하는 바를 제공하는 것이 성공의 비결이다."

– 월트 디즈니

SMART SHOP MANAGER

샵매니저의 확실한 고객 관리 전략 1_
스토어 고객 경험 관리(CXM) 실천

매장 매출을
일으키는 매출공식

매출 = 입점고객 수 × 판매 성공율 × 객단가

이것이 매장 매출을 일으키는 공식이라는 것을 공감하는가. 소위 '매출공식'이라고 일컫는 우리가 반드시 기억해야 할 진리다. 그중에서도 '입점고객 수'는 샵매니저라면 우선적으로 깊이 기억해야 할 요소라고 할 수 있는데, 이는 매장에 대한 이해가 누구보다 높은 샵에서 사는 우리가 특히 잘 분석해야 할 중요한 요소라고 할 수 있다.

매출공식을 자세히 살펴보면 요소별 연결은 '곱셈'으로 되어 있다. 이 말은 그 어느 것 하나라도 '0'이 되면 매출은 '0'이라는 의미다. 그중에서도 가장 중요한 첫 단추라고 할 수 있는 '입점고객 수'라는 요소는 우리가 '고객'이라는 존재에 대해 무엇보다 깊은 이해와 분석을 할 줄 알아야 하고, 우리 매장에 고객이 입점할 수 있도록 다양한 활동을 해야 한다는 성찰을 준다.

물론, 입점된 고객에게 다양한 응대를 통해 판매에 성공하고, 구매 단가를 올리는 전략을 실행하는 것 역시 샵매니저의 맨파워라고 할 수 있지만, 그 일선에 모객 활동이 있어야만 펼칠 수 있는 활동이라는 것을 우리는 이해하고 있을 것이다.

오프라인 매장을 영업하면서 '입점고객 수'를 늘리기 위한 다양한 활동을 전개해왔고, 지금도 그렇다. 빠르게 변하는 리테일 환경에서 분명한 것은 현재 우리 매장의 고객이 어떤 모습이냐를 해석해낼 수 있는 힘이 필요하다는 것이다.

오랫동안 영업해온 샵매니저라면 더욱 공감하겠지만, 2024년의 고객 모습은 과거와 다르다. 정확하게는 고객의 쇼핑 패턴이 과거와 다르다는 것이다. '입점고객 수'를 더 쪼개어 보면 우리 매장을 처음 경험하는 신규고객이냐, 두 번 이상의 경험을 가지고 옹호를 시작하는 고정고객이냐로 나누어 볼 수 있다.

샵매니저는 매출달성을 위해 현재 우리 매장이 신규고객 창출이 우선인지, 고정고객을 재방문하도록 유도하는 것이 우선인지를 판단해 선택과 집중해야 할 것이다. 여러 마리 토끼를 한꺼번에 잡기란 쉽지 않은 것이 현실이 아닌가.

단골고객과 신규고객

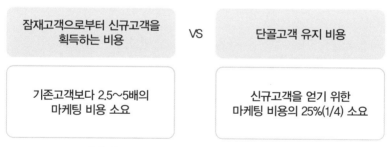

1명의 단골고객 가치는 20명의 신규고객보다 크다.

우리 매장을 경험하는 신규고객, 고정고객 둘 다 매장으로 오는 고객이지만, 이 둘의 쇼핑 패턴은 매우 다르다. 우리는 이런 디테일의 차이를 인지하고, 그에 맞는 서비스를 제공할 수 있는 전문성과 감각을 갖춰야 하는데, 이것을 구현하는 매장이 바로 지금의 고객 서비스의 핵심 개념인 'CXM(Customer eXperience Management)'을 실현하는 것이다.

우리 책은 이론을 제공하는 개론서가 아니기에, 매장 이야기를 하면서 필요한 정도의 CXM에 대해 설명해보겠다. 사실 CXM의 가장 중요한 핵심 요소는 고객 행동 데이터의 수집과 활용, 그리고 그 정보의 기술적 해석, 즉 DT(Digital Transformation) 혁신 기반의 솔루션인데, 해당 영역은 샵매니저의 몫이라기에 어려움이 있는바, 매장의 영역에 국한해 설명하고자 한다.

고객의 중요성은 늘 강조되어왔던 부분이지만, 과거의 고객에 대한 관점은 보통 '기업, 브랜드, 매장' 중심이었다. 고객의 신상 정보에 기반한 데이터를 가지고 이렇게 저렇게 필요에 따라 세분화해 그들이 움직일 수 있는 혜택을 제공하고, 고객과 친해지는 활동을 전개하면서 입점을 유도하는 것, 즉 CRM(Customer Relationship Management)의 시대였다.

사실 지금도 CRM 활동은 꾸준히 진행되고 있고, 과거의 방식이라고는 하지만 소상공인의 매장에서는 아직도 고객의 데이터가 확보되거나 그것을 활용하는 활동 자체가 진행되지 못하는 것이 우리의 현실이다. 아직 샵매니저 전부가 CRM 고객 관리를 하고 있지 않음에도 불구하고, 시대는 앞서 말한 CXM의 시대를 맞아 교집합적 과도기를 보내고 있다는 말이다. 중요한 것은 이 책을 통해 매장을 운영하는 샵매니저들은 앞을 보고 영업을 전략화해야 하는바, 앞으로의 트렌드를 먼저 공유하고 싶은 것이다.

CRM VS CXM

관점	CRM	CXM
지향점	고객 관계 가치의 개선	차별화된 고객 경험을 통한 고객 충성도 제고
대상	기업 : 고객에 대한 회사의 생각을 배포	고객 : 회사에 대한 고객의 생각을 수집
추진 방향	Inside Out(기업에서 고객으로)	Outside In(고객에서 기업으로)
프로세스	기업 내부 운영 프로세스 개선	온라인·오프라인에 걸쳐 있는 고객의 경험 프로세스 개선
데이터	거래 행동(실적) 데이터	고객여정에 따른 고객 행동 데이터 및 고객 반응 데이터
측정 시점	고객 접촉 결과의 기록 후	고객 접촉이 일어나는 순간
측정 방법	POS, 영업 실적, 시장 조사, 웹 클릭	설문조사, 연구, 관찰, VoC
분석 도구	OLAP*, 데이터마이닝	고객 경험 여정 지도, ERRC**, NPS***
활용	매출 생성 및 고객 서비스 수행의 효율성 및 효과성 제고	고객 기대와 경험을 활용한 향상된 제품과 서비스 개발
관심 KPI	실적 트랜잭션	고객 충성도

* OLAP : On-Line Analytical Processing, 다차원 데이터 구조를 이용해 다차원의 복잡한 질의를 고속으로 처리하는 데이터 분석 기술
** ERRC : 제거(Eliminate), 감소(Reduce), 증가(Raise), 창조(Create)
*** NPS : New Promoter Score, 순추천지수

출처 : 인터비즈, LG CNS 엔트루컨설팅 CX전략그룹
(https://v.daum.net/v/5f07bcd9ff6f4a2771feaf3a)

현장에서 몸으로 느끼는 우리의 감각으로도 지금의 고객은 절대 수동적이지 않다. 고객은 다양한 채널을 통해 원하는 방식대로 소비한다. 그것은 그들의 자유이자 1명의 고객으로서의 자유이기도 하다. 시대와 소비력에 따라,

wants와 needs에 따라 고객은 자신의 자본 안에서 상품을 구매한다. 우리가 CXM을 이해해야 하는 의미가 바로 여기에 있다. 과거보다 현재의 고객들은 선택할 수 있는 폭과 아이템이 무한대로 많아졌고, 내 매장 역시 그 안에 있기 때문이다.

생각해보자. 평소 나는 리빙 상품에 관심 있는 편은 아니다. 그런데 내가 좋아하는 유튜브 채널에서 예쁜 컵을 발견했다. 그 컵이 갖고 싶고, 사야겠다는 생각이 든다. 그럼 나의 다음 행동은 어떻게 될까? 1990년대라면 대형마트나 백화점으로 가서 그 컵을 찾아 헤맬 것이다. 발견하면 행운, 아니면 아쉽게도 패스다. 그러나 21세기는 다르다. 좋은 핸드폰을 가지고 있다면, AI 검색이 해당 상품의 판매 경로를 안내해준다. 쇼핑몰이 있다면 바로 가서 결제할 수 있도록 편리하게 소비를 촉진시킨다. 만약 쇼핑몰이 없다면 그 상품을 파는 오프라인 매장이 어디인지 알려준다. 시간을 내어 찾아가게 될 것이다.

이것이 고객이 매장을 경험하는 루트의 변화다. 이 변화에서 CXM은 '고객이 브랜드(매장)를 경험하는 전체 여정'을 지도로 그려 각 접점을 관리해야 한다고 말하는데, 그 지도가 '고객여정지도(Customer Journey Map)'이고, 과거와는 다르게 고객이 대부분 온라인을 통해 브랜드나 상품, 매장을 접하게 되는 경우가 많아지고 있다는 것이다. 더구나 CXM에서는 이러한 고객의 경험이 상품 구매에서 마무리되는 것이 아니라, 이후에도 경험하는 AS 등의 전 과정이 긍정적인 경험으로 관리되어야 하고, 이 여정이 추적될 수 있는 시스템과 기술이 뒷받침되는 시대라고 말한다. 맞다. 그 현실에 우리가 살고 있다.

하지만 우리가 여기서 집중하고 싶은 것은, 돈을 들여 그것을 도입하자는

고객여정지도

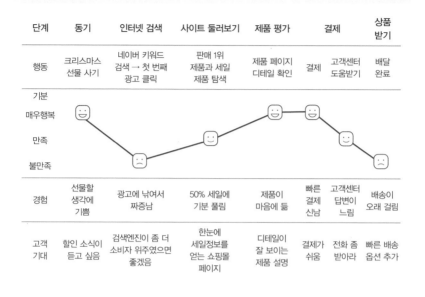

단계	동기	인터넷 검색	사이트 둘러보기	제품 평가	결제	상품 받기
행동	크리스마스 선물 사기	네이버 키워드 검색 → 첫 번째 광고 클릭	판매 1위 제품과 세일 제품 탐색	제품 페이지 디테일 확인	결제	고객센터 도움받기	배달 완료
경험	선물할 생각에 기쁨	광고에 낚여서 짜증남	50% 세일에 기분 풀림	제품이 마음에 듦	빠른 결제 신남	고객센터 답변이 느림	배송이 오래 걸림
고객 기대	할인 소식이 듣고 싶음	검색엔진이 좀 더 소비자 위주였으면 좋겠음	한눈에 세일정보를 얻는 쇼핑몰 페이지	디테일이 잘 보이는 제품 설명	결제가 쉬움	전화 좀 받아라	빠른 배송 옵션 추가

기분 — 매우행복 / 만족 / 불만족

실시간 상품검색 AI

①서클 투 서치:텍스트·이미지에 원 그리면 AI 검색

CHAPTER 3. 샵매니저의 확실한 고객 관리 전략 1_스토어 고객 경험 관리(CXM) 실천

것이 아니다. 과거와는 다른 경로(여정)를 통해 내 매장에 들어오는 고객이기에 매장의 첫 방문이 브랜드의 첫 방문이라고 추측해서는 안 된다. 또한, 매장에서의 전 여정이 긍정적인 경험으로 남을 수 있도록 'Store CXM'을 실천해야 한다는 것이다. 기업 입장에서 고객을 바라보는 것이 아니라, 고객 개인의 움직임을 관찰하며 그 여정 중에 우리 매장이 어디에 있고, 무엇을 제공해야 하는지 살피라는 의미다.

이것을 이해한다면 우리가 매장에서 입점고객 수를 늘리기 위해 생각해볼 수 있는 방법이 전과는 달라진다. 시야가 넓어지는 것이다. 그리고 그렇게 입점한 고객에게 제공될 서비스 역시 전과는 달라져야 한다. 그것이 새로운 트렌드를 받아들이는 샵매니저의 자세이며, 역량이 강화되는 지름길이기 때문이다.

언급했다시피, 요즘 고객이 어떤 고객들인가. CRM 시대에 우리가 우리 개념으로 묶었던 고객의 그룹, 예를 들면 우리 매장의 S-A-B 등급 고객, 휴면 고객 등 주로 구매 금액이나 방문 빈도로 줄 세우기 했던 그룹핑이 CXM 관점에서는 100% 일치하지 않을 수 있다는 것이다. 고객 개인으로 다시 그룹화해보자. 그래서 최근 '~슈머' 열풍이 아닌가. 다양한 슈머의 천국이지만, 그래도 현시점으로 우리나라에서 주목해야 하는 슈머에 포커싱해보자.

〈핵심 용어〉

- CRM(Customer Relationship Management) : 고객과의 관계를 관리하고 개선하기 위한 전략, 프로세스, 기술을 포함하는 개념이다. CRM의 목적은 고객 데이터를 수집, 분석해 고객 요구를 이해하고, 이를 바탕으로 고객과의 상호작용을 최적화함으로써 고객 만족도를 높이고, 장기적인 관계를 구축하는 것이다.
- CXM(Customer eXperience Management) : 고객이 브랜드, 제품 또는 서비스와 상호작용하는 전체 과정에서 겪는 경험을 관리하고 최적화하는 전략적 접근법이다. CXM의 목적은 일관되고 긍정적인 고객 경험을 제공함으로써 고객 만족도, 충성도를 높이고, 궁극적으로 기업의 수익성을 개선하는 것이다.

샵매니저가 반드시 알아야 할 핵심 포인트

1. 매출공식의 중요성 : 매출공식에서 '입점고객 수'는 가장 중요한 요소이며, 이를 늘리기 위해 샵매니저는 고객에 대한 깊은 이해와 분석이 필요하다. 신규고객 창출과 고정고객 재방문 유도 중 우선순위를 판단해 선택과 집중해야 한다.

2. CXM(Customer eXperience Management)의 중요성 : 현대의 고객은 다양한 채널을 통해 원하는 방식대로 소비하므로, 샵매니저는 CXM을 이해하고 고객 경험 관리에 중점을 두어야 한다. 과거 CRM과 달리 CXM은 고객여정 전체를 관리하며, 고객 개인의 움직임을 관찰해 매장의 역할을 파악해야 한다.

3. 새로운 고객 트렌드 이해 : CRM 시대와 달리 CXM 관점에서는 고객을 단순히 구매금액이나 방문 빈도로 그룹화하는 것이 적절하지 않을 수 있다. 개인 고객의 특성을 파악하고, 다양한 '슈머'의 등장을 이해해 변화하는 고객 트렌드에 대응해야 한다.

4. 고객여정지도(Customer Journey Map) : CXM의 핵심 개념 중 하나로, 고객이 브랜드나 제품, 서비스를 경험하는 전체 과정을 시각화한 것이다. 고객여정지도를 통해 기업은 고객의 경험을 이해하고, 각 접점에서 고객 만족도를 높이기 위한 전략을 수립할 수 있다.
또한, 기업이 고객 중심적 사고를 가지고, 고객의 경험을 개선하기 위한 노력을 기울이는 데 있어 중요한 도구다. 샵매니저는 고객여정지도를 활용해 매장에서의 고객 경험을 향상시키고, 궁극적으로는 고객 만족도와 충성도를 높일 수 있다.

다양한 슈머, 주목해야 하는 슈머

첫 번째는 '펀슈머'다. 펀슈머란 '즐기다(fun)'와 '소비자(consumer)'의 합성어로, 소비하는 데 있어 즐거움을 추구하는 소비자를 말한다. 펀슈머들이 구매할 때는 상품의 질이나 성능보다는 개인의 취향과 즐거움을 주변에 공유하고자 하는 욕구가 더 중요한 요소로 작용한다. 특히 젊은 고객층에게 있어 재미와 도파민은 중요한 콘텐츠이자 커뮤니케이션의 통로가 되는 시대이다 보니, 우리 주변의 펀슈머들이 다양한 즐거움을 전파하는 소비 트렌드의 중요한 매개체가 된 현실이다. 그렇다고 해서 이들이 재미를 위해 무분별한 소비를 하는 것은 아니다. 이들은 재미있는 구매를 통해 주변과 이 즐거움을 나누고자 하는 것이다.

이런 펀슈머의 적극성을 활용해, 다양한 브랜드들이 팝업 스토어를 열고 있다. 핫하고 재미있는 공간에서 발견된 상품을 펀슈머들이 기꺼이 퍼뜨려주기 때문이다. 이러한 매장에도 샵매니저는 존재하며, 해당 매장의 샵매니저는 그들이 재미를 만끽하도록 안내하는 놀이동산의 가이드 같은 역할을 해야 하는 것이다.

펀슈머들을 위한 마케팅

출처 : 해태아이스크림 인스타그램

펀슈머를 위한 팝업스토어

출처 : KTV 국민방송

두 번째는 '체리슈머'다. 체리슈머란 '체리(cherry)'와 '소비자(consumer)'의 합성어로, 케이크에 올려진 체리만 쏙쏙 빼먹는 '체리피커(cerry picker)'에서 유래되었다. 하지만 현재는 밉상이라기보다는, 얄밉지만 현명하게 주어진 혜택을 알뜰하게 활용하는 똑똑한 소비자 그룹을 의미한다.

특히나 경기 침체와 고물가 현상이 지속되고 있는 현실에서 체리슈머의 소비 행동은 어쩌면 당연한 것일지 모른다. 이들은 배송비 절감을 위해 주변의 고객을 모아 공유배송을 하고, 하나의 상품을 주변과 나누는 등의 일종의 '소분 전략'을 통해 알뜰한 살림을 한다.

패션 매장에 온 고객이라고 체리슈머가 없을까. 사실 모든 소비자가 알뜰한 쇼핑을 하기 원하는 것 아닌가. 가격적인 면에서 유통사 혜택, 카드사 혜택, 브랜드에서 제공하는 최대의 혜택을 모두 모아 평소 원했던 그 재킷을 구매하게 되었다면, 그 고객의 매장 경험과 만족도는 무한히 올라갈 수밖에 없다. 그래서 샵매니저는 내 매장의 고객 중에 체리슈머가 있다면, 프로모션이

체리슈머를 향한 마케팅

가치소비 중시 '체리슈머' 증가에…
신세계百, 5월 역시즌 행사
220% ↑

출처 : 한국금융신문

진행될 때 이들에게 재빨리 연락을 취할 것이다.

슈머의 종류

종류	개념
트윈슈머	트윈(Twin)+소비자(Consumer)의 합성어 생각, 취미, 취향, 반응 소비 등의 성향이 유사한 소비자 다른 사람이 제품을 사용한 경험을 중요하게 여겨, 물건을 구입할 때 이미 구매한 고객의 의견을 참고해 구매를 결정함. 특히 온라인 쇼핑이 강화되며 나타난 새로운 소비 트렌드임.
프로슈머	공급자(Product)+소비자(Consumer)의 합성어 소비자가 소비는 물론, 제품 개발과 유통 과정에도 직접 참여하는 '생산적 소비자'를 의미
크리슈머	창조(Creative)+소비자(Consumer)의 합성어 제품의 기능, 가치에 스토리를 담아 기존의 콘텐츠를 발전시켜 새로운 문화와 소비 유행을 만들어가는 소비자
그린슈머	그린(Green)+소비자(Consumer)의 합성어 친환경 유기농 제품을 선호하는 소비자 특히 음식으로부터 가족의 건강과 안전을 지키기 위한 소비자
트라이슈머	시도하다(Try)+소비자(Consumer)의 합성어 체험적 소비자로, 기업광고의 정보에 의존하기보다 직접 경험하길 원 하는 모험적 소비자
모디슈머	수정하다(Modify)+소비자(Consumer)의 합성어 제공되는 표준방법이 아닌 자신만의 방식으로 재창조하는 소비자
앰비슈머	양면적(Ambivalent)+소비자(Consumer)의 합성어 가치관 우선순위에 따라 소비를 아끼지 않거나 절약하는 소비자 경제불황의 시대, 소비를 줄이되 양보다 질을 선택하는 경향이 많아지면서 나타나는 소비자

출처 : 글로벌휴먼스

이 외에도 많은 슈머의 정의가 있지만, 지금 중요한 것은 오늘 당장 샵매니저 스스로 내 매장에 오는 고객을 잘 살펴보는 것이다. 그들이 어떤 경로로 내 매장까지 방문했는지, 어떤 성향을 가지고 있는지. 내 매장 고객의 '고객 여정지도'를 그려 공통점이 발견된다면, 매장의 고객 페르소나를 설정해보는 내 매장의 '슈머'를 정리해보는 것이다.

기업이나 브랜드의 매장이라면 상위에서 이 개념을 정리했거나 하고 있을 것이나, 그것만 기다리고 있다면 자생력 있는 샵매니저가 아니다. 능동적인 샵매니저라면 내가 제일 잘 아는 내 고객들을 잘 정리하고, 그에 맞는 다양한 모객 활동을 전개할 줄 알아야 한다. 이것이 매출과 직결되는 샵매니저의 고객 관리 역량이라는 것은 두말할 나위가 없다.

샵매니저가 반드시 알아야 할 핵심 포인트

1. 펀슈머(Funsumer) : 소비 과정에서 즐거움을 추구하는 소비자 군이다. 이들은 상품의 품질보다는 개인의 취향과 즐거움을 중요시하며, 이를 주변과 공유하고자 한다. 브랜드들은 펀슈머의 특성을 활용하기 위해 팝업 스토어 등의 마케팅 전략을 펼치고 있다. 샵매니저는 펀슈머들이 매장에서 재미를 만끽할 수 있도록 안내하는 역할을 수행해야 한다.

2. 체리슈머(Cherrisumer) : 주어진 혜택을 알뜰하게 활용하는 현명한 소비자군이다. 이들은 경기 침체와 고물가 상황에서 배송비 절감, 상품 공유 등의 전략으로 합리적인 소비를 추구한다. 샵매니저는 프로모션 기간에 체리슈머에게 적극적으로 연락을 취하는 등 이들의 특성을 고려한 마케팅 전략을 수립해야 한다.

3. 샵매니저는 자신의 매장을 방문하는 고객들의 특성을 파악하고, 그들의 '고객여정지도'를 그려 공통점을 발견해야 한다. 이를 통해 매장의 '슈머'를 정리하고, 그에 맞는 모객 활동을 전개할 수 있어야 한다. 고객 관리 역량은 매출과 직결되는 중요한 요소이므로, 샵매니저는 능동적으로 고객 특성을 파악하고 대응해야 한다.

고객여정지도

그렇다면 Store CXM을 실현하는 우리가 해야 하는 행동은 구체적으로 무엇일까. 다시 매장 안으로 와서 살펴보자.

우리는 이 고민을 꽤 오래전부터 해왔고, 교육의 컨텐츠와 스킬을 바꾸어 나갔다. 매장의 접점을 다시 정의하고, 접점별 응대 멘트를 새로 개발했는데, '매장'의 고객여정지도를 그렸다고 보면 이해가 쉽지 않을까.

물론, 다양한 업종을 벤치마킹한 것이 첫 작업이었다. 특히 글로벌 선두주자인 '스타벅스'의 고객여정지도를 공부한 것이 많은 도움이 되었고, 시스템과 기술이 병합되어 있는 대기업의 모든 부분을 벤치마킹하기에는 어려움이 있었지만, 매장 단위의 분석은 많은 인사이트를 주었다.

스타벅스 고객의 대부분은 스타벅스 앱을 설치하고 있다. 이 앱을 통해 주문하고, 다양한 서비스를 제공받는다. 심지어 매장에 들어오기 전 스타벅스 앱에서 사이렌오더를 통해 미리 주문해놓는다. 이는 나의 대기시간을 최소화하는 것이다. 주문이 완료되면 친절한 직원은 크고 활기찬 목소리로 나의 닉네임을 불러준다. 기술의 꼭대기에 있는 스타벅스이지만, 진동벨로 고객을 부르지 않는다. 고객의 이름을 육성으로 불러주는 것이다.

스타벅스 고객여정지도

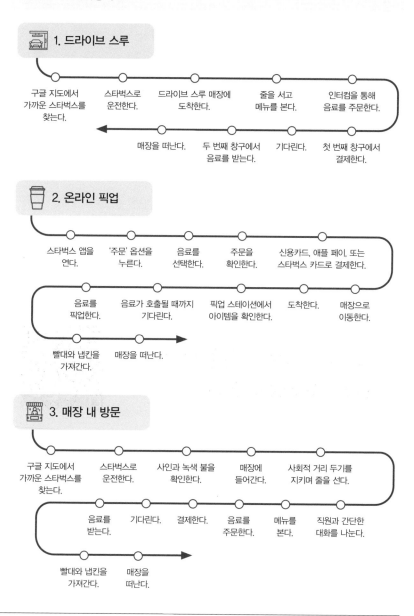

1. 드라이브 스루

구글 지도에서 가까운 스타벅스를 찾는다.
스타벅스로 운전한다.
드라이브 스루 매장에 도착한다.
줄을 서고 메뉴를 본다.
인터컴을 통해 음료를 주문한다.

매장을 떠난다.
두 번째 창구에서 음료를 받는다.
기다린다.
첫 번째 창구에서 결제한다.

2. 온라인 픽업

스타벅스 앱을 연다.
'주문' 옵션을 누른다.
음료를 선택한다.
주문을 확인한다.
신용카드, 애플 페이, 또는 스타벅스 카드로 결제한다.

음료를 픽업한다.
음료가 호출될 때까지 기다린다.
픽업 스테이션에서 아이템을 확인한다.
도착한다.
매장으로 이동한다.

빨대와 냅킨을 가져간다.
매장을 떠난다.

3. 매장 내 방문

구글 지도에서 가까운 스타벅스를 찾는다.
스타벅스로 운전한다.
사인과 녹색 불을 확인한다.
매장에 들어간다.
사회적 거리 두기를 지키며 줄을 선다.

음료를 받는다.
기다린다.
결제한다.
음료를 주문한다.
메뉴를 본다.
직원과 간단한 대화를 나눈다.

빨대와 냅킨을 가져간다.
매장을 떠난다.

출처 : https://www.behance.net/gallery/98211249/Starbucks-Service-exploration 참조

CHAPTER 3. 샵매니저의 확실한 고객 관리 전략 1_스토어 고객 경험 관리(CXM) 실천

여기서 고객은 무엇을 경험하게 되는가. 기술의 편리함과 감성적 휴먼 터치를 동시에 경험하며, 내가 원하는 정확한 맛의 음료를 제공받는 것이다. 이것이 요즘의 고객들이 스타벅스에 스스로 마니아가 되는 기막힌 Store CXM이 아닐까. 기술이 발전하는 만큼 인간은 인간성을 놓고 싶지 않아 한다. 이것은 일종의 본능이고, 이를 정확히 이해하는 스타벅스는 '사람이 주는' 서비스를 절대 놓지 않는다. 오히려 '스타벅스 리저브(Starbucks Reserve)'를 통해 보다 가까이 고객과 소통하고 싶어 한다. 고객이 원하는 것을 직접 대화하며 캐치하고, 보다 정성스러운 인적서비스로 그들을 감동시키고자 노력한다. 이것이 스타벅스가 오프라인 매장을 확대하는 의미이며, 공간의 경험을 더해 더욱 스타벅스에 열광하게 하려는 전략이다.

오프라인 매장에서의 고객 경험을 강화하는 스타벅스

스타벅스 리저브 매장 50호점 탄생…미국보다 많아

출처 : 한국경제

그렇다면 우리 매장에 어떤 점을 도입할 수 있겠는가. 우리는 패션 샵이 중심인 만큼 매장의 VMD를 고객이 경험하고 참여할 수 있도록 바꾸어나갔다. 고객의 이동 동선이나 처음 마주치는 우리의 모습이 호기심 있게 다가갈 수 있도록 말이다. 그리고 매장으로 진입하는 고객에게 단순히 친절이 아니라 '맞춤형 고객 응대'를 할 수 있도록 응대 멘트와 서비스 행동을 바꾸어나갔다.

물론, 업종에 따라 다소 차이가 있을 수 있다. 혼자 쇼핑하는 고객이 많은 코스메틱 매장의 경우는 아예 입구에 색깔이 다른 바구니를 비치해 고객이 편한 쇼핑 방법을 선택하도록 하는데, 이것이 더 적합하다면 고객여정지도를 두 가지 버전으로 준비하는 것도 방법이라고 하겠다.

하지만 우리가 영업하는 대부분의 매장은 '사람'이 판매 성공률과 객단가를 높여야 하는 일종의 미션이 존재하는 매장이다. 해당 컨셉을 섣불리 따라 했다가는 그저 스쳐 지나가는 매장이 될 뿐이다. 고객은 우리 매장을 찾아오기 전에 다양한 경로를 통해 브랜드를 경험했을 수 있으며, 우리가 이를 이해한다면 고객이 문을 열고 들어오는 그 순간부터의 긍정적인 고객 경험을 제공할 의무가 샵매니저에게 있다는 것을 다시 한번 상기해야 한다.

혼쇼족을 위한 맞춤경험의 제공

출처 : 소비자평가

우리 매장의 고객여정지도는 입점 후 접점 응대에서 긍정적인 경험을 하도록 설계되어 있다. 다만, 접점 응대에서 활용되는 표정, 행동, 언어 서비스가 과거와 다른 모습이어야 한다.

패션 매장의 고객여정지도

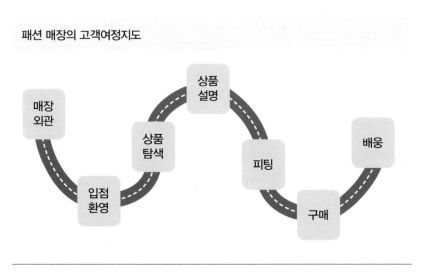

출처 : 글로벌휴먼스

샵매니저가 반드시 알아야 할 핵심 포인트

1. 고객여정지도를 통해 Store CXM을 실현하기 위해서는 매장 내 고객 접점을 새롭게 정의하고, 접점별 응대 멘트와 서비스 행동을 개선해야 한다. 글로벌 기업인 스타벅스의 고객여정지도를 벤치마킹해 기술과 감성적 휴먼 터치를 동시에 제공하는 것이 중요하다.

패션 매장의 경우, VMD를 고객 참여형으로 바꾸고, 맞춤형 고객 응대를 통해 긍정적인 고객 경험을 제공해야 한다. 고객은 매장을 방문하기 전부터 다양한 경로로 브랜드를 경험하므로, 샵매니저는 고객이 매장에 들어오는 순간부터 긍정적인 경험을 제공할 의무가 있다. 이를 위해 접점 응대에서 활용되는 표정, 행동, 언어 서비스를 개선해야 한다.

2. 고객여정지도(Customer Journey Map)란?
- 고객이 브랜드, 제품 또는 서비스와 상호작용하는 전체 과정을 시각화한 것
- 기업은 이를 통해 고객 경험을 이해하고 고객 만족도 향상 전략 수립

3. 고객여정지도의 구성요소
- 고객의 목표와 니즈
- 고객-브랜드 간 상호작용 접점(온·오프라인)
- 각 접점에서의 고객 경험과 감정
- 고객 경험에 영향을 미치는 요인(Pain points, Opportunities)

4. 고객여정지도 작성 방법
- 고객 페르소나 설정
- 고객의 목표와 니즈 파악
- 고객 접점 파악 및 경험 분석
- 고객 경험 개선 기회 도출

CHAPTER 3. 샵매니저의 확실한 고객 관리 전략 1_스토어 고객 경험 관리(CXM) 실천

· 개선 방안 수립 및 실행

5. 고객여정지도의 활용

· 고객 중심적 사고 확립
· 고객 경험 개선 전략 수립
· 고객 만족도 및 충성도 제고
· 샵매니저의 매장 내 고객 경험 향상 및 고객 만족도 제고

Story _____ 4

패션 매장의
고객여정지도

앞에 나온 패션 매장의 고객여정지
도를 참고해서 한 걸음씩 따라가보자.

1. 매장 외관

'온라인에서 그 매장을 봤다. 지도를 켜고 찾아왔다. 매장을 발견했다. 역
시나 기대했던 대로다.'

오늘 문을 열고 들어온 고객이 이런 사전 경험을 바탕으로 매장에 들어오
지 않았을까? 매장은 우리의 얼굴이자 무대다. 휴먼 터치가 일어나기 전, 고
객을 유인하는 달콤함이 있어야 한다. 그래서 우리는 매장을 오픈하기 전 매
일매일 루틴하게 청소/청결 관리를 한다. VMD를 전략화하는 것도 그 달콤
함을 위해서다. 상권과 매장 위치는 중요하지만, 이는 한 번 정해지면 쉽게
바꾸기 어려운 요소이기 때문에, 고객이 적극적으로 매장을 찾아올 수 있도
록 루틴하게 VMD 등을 관리하는 것이다.

브랜드라면 VMD 기준이 있을 터라 해당 전략을 매장에서 잘 표현하고
가꿀 수 있도록 해야 하고, 그렇지 않더라도 샵매니저의 역량으로 고객에게
매력적인 매장으로 연출되도록 가꾸어야 한다. VP(Visual Presentation), IP(Item

Presentaion), PP(Point of Presentation)의 개념을 바탕으로 브랜드(매장)의 아이덴티티는 유지하되, 트렌디한 연출이 윈도우 등에서 표현될 수 있도록 말이다. 특히 주기적으로 마네킹의 착장을 변화시키거나 하는 등의 변화 관리를 통해 매장의 신선함을 유지하는 것이 중요한데, 이것이 고객으로 하여금 우리 매장이 늘 새로운 공간이고, 가고 싶은 공간으로 인식되도록 하는 필수조건이 된다.

2. 입점 환영

고객이 온라인 혹은 다른 경로를 통해 매장을 경험하고자 방문한다. 문을 열고 들어오는 순간이다. 고객의 입장에서 환영하는 인사는 '다가가는' 제스처와 함께 한다. 밝은 미소를 띠고 인사하는 것은 불변의 진리다. 휴먼 터치의 시작이 '웰컴' 단계부터라는 것을 우리는 스스로가 고객일 때 이미 느끼고 있기 때문이다. 이후의 멘트가 자연스럽게 떠오르는가? 99%가 이런 멘트를 예상할 것이다.

"고객님, 찾으시는 상품 있으세요?"

이 멘트를 해본 분이라면 고객의 반응도 어느 정도 예상이 될 텐데, 70%는 "그냥 볼게요" 하는 뜨뜻미지근한 대답이다. 이후의 대화를 이어나가기 어렵다. 30% 정도가 "제가 재킷을 찾는데요" 하면서 원하는 아이템을 이야기할 텐데, 이런 고객님이라면 정말 감사한 분이다. 중요한 것은 우리는 70%의 미묘한 거절을 예상하면서도 습관적으로 같은 질문을 하고 있다는 것이다. 스토어 CX(Customer eXperience) 개념으로 이 초기 응대를 바꾸어본다면 어떨까.

고객이 예, 아니오의 선택적 답변을 하도록 말이다.

우리는 "고객님, 저희 브랜드(매장)에 처음 오셨나요?"라고 질문한다. 그러면 고객은 "네, 처음이에요" 혹은 "아니오, 인터넷에서 봤어요"의 두 가지 중한 가지 답변을 한다. 그렇다면 대화를 이어갈 수 있다.

처음 온 고객에게 우리 매장의 긍정적인 경험을 제공하려면 매장을 소개해야 한다. 단순히 옷가게의 인식을 심어주는 것이 아니라, 처음 온 당신을위해 우리는 이렇게 꾸며놓았으니 즐겁게 경험하시라는 제안을 미술관의 도슨트처럼 설명하는 것이다.

"네, 고객님. 방문해주셔서 감사합니다. 저희 매장은 편집샵으로, A섹션에는 의류가, B섹션에는 코스메틱, C섹션에는 슈즈가 비치되어 있어요. 자연스럽게 둘러보시다 보면 아기자기한 재미와 함께 저희 브랜드의 다양한 상품을직접 체험해보실 수 있습니다."

부드럽지만, 전문성이 느껴지는 첫 방문고객의 응대 멘트다.
반대의 경우에는 더 친밀하게 대화할 수 있다.

"네, 고객님. 다시 찾아주셔서 감사합니다. 전에 구매했던 상품이 궁금한데요? 그때와는 또 다르게 매장이 꾸며져 있을 텐데요. 원하시면 전에 구매했던 상품과 매치할 수 있는 아이템을 제안 드리겠습니다. 제가 도움을 드려도괜찮을까요?"

이것은 더욱 적극적인 퍼스널 쇼퍼의 응대가 된다.

3. 상품탐색

그렇게 고객과의 대화가 시작되었다. 고객의 성향에 따라 유연하게 맞춤 응대를 해야겠지만, 이 단계에서 필자는 '스몰 토크와 질문'을 잘 활용하라고 권하고 싶다. 고객의 취향을 파악하고 오프라인에서만 느낄 수 있는 서비스를 제공하기 위해서는 고객 맞춤이 되어야 하는데, 상품을 추천하기까지 탐색하는 단계에서 많은 정보를 얻고, 감각적으로 니즈를 캐치해야 하기 때문이다.

"고객님, 이제 날씨가 매우 포근해져서 정말 봄이 다가오고 있는 게 느껴지네요. 좋은 계획 있으세요?"

"매장에서 눈여겨보신 상품이 있으신가요?"

"재킷은 이쪽에 준비되어 있습니다. 어떤 자리에서 입을 예정이신가요?"

자연스럽고 친근한 말투와 질문은 세일즈하는 우리에게 어느 정도 습관화된 스킬이기는 하지만, 계속 이야기하다시피, CXM 관점에서의 변화된 응대가 필요하기에 평소 내가 했던 멘트나 제스처에서 벗어나 탐색 질문을 할 수 있도록 하자.

4. 상품설명

여기서의 핵심은 '프로페셔널'이다. 고객이 우리 상품을 샵매니저보다 많이 알 수 있을까? 아니, 그래서는 안 된다. 주객이 전도된 상황에서 고객은 우리를 전문가로 인정하지 않는다. Store CXM에서 샵매니저는 오프라인 매장에서 고객이 '가치'를 느낄 수 있도록 해야 한다. 그것이 매장의 핵심이기 때문이다. 그러려면 인터넷에 올라온 상품 정보가 고객에게 '혜택'이 되도록 설명하며, 고객이 고급 서비스를 제공받고 있다고 느끼고 경험하게 하는 것이다.

아시다시피, 럭셔리 서비스일수록 샵매니저와 고객의 접점을 강화한다. 호텔 다이닝을 가서 코스 요리를 주문했다고 한다면, 셰프가 직접 나와 음식의 컨셉을 설명해주고 최상의 맛을 느낄 수 있는 방법을 제안해준다. 설명이 곧 상상이 되고, 입에서 그 맛을 즐기게 되는 것이다. 훌륭한 서비스다.

패션샵도 마찬가지다.

"고객님, 지금 보여드리는 상품이 이번 시즌 컨셉인 아이코닉을 가장 잘 표현한 재킷인데요. 산뜻한 컬러감으로 앞으로의 봄이 더 가까이 느껴지도록 했고, 신축성이 좋은 원단으로 야외활동에도 편안하게 연출하도록 했습니다. 버튼과 디테일에 키치함을 더해 지금의 팬츠와도 잘 어울리는 멀티 아이템 재킷이라고 할 수 있어요."

이 멘트에 고객의 눈과 귀와 손이 따라오고 있다는 것을 느꼈는가? 고객은 샵매니저의 설명에 집중한다. 단, 그것이 프로페셔널 하다면 말이다.

하지만 고객들에게 필요한 것은 구슬 서 말이 아니다. 그것이 내게 어떤 이익을 가져다주는지가 중요하다. 컬러가 화사해서 피부 톤과 잘 어울린다거나, 신축성이 좋아 스윙이 편안하다거나 등등의 나열된 특성을 당신의 이익으로 표현하는 것이다.

이 단계에서 우리에게 필요한 것은 무엇일까?

특성과 이익(Feature & Benefits)

Tell the Feature 특성을 말하고	Sell the Benefits 이익을 판매한다

**구매자는 제품이나 아이디어의 유리한 결과가
그들의 필요나 욕구와 부합될 때 구매한다.**

출처 : 글로벌휴먼스

"고객님, 추가 혜택이 있는지 멤버스 확인해 드리겠습니다."

바로 고객의 정보를 모으는 것이다. 디지털 혁신 시대에 꼭 필요한 부분이다. 그런데 잘 살펴보면 고객에게 "멤버십 카드 있으세요?", "하나 만들어 드릴까요?"라고 아마추어처럼 청유형으로 묻지 않는다. 고객이 멤버십이 있어야만 추가 혜택이 가능하다는 것을 자연스럽게 인식하게 하고, 가입이 필요하겠다는 것을 느끼게 하려고, "멤버십 확인해 드리겠습니다"라고 확정형으로 말하는 것이다.

"네? 그게 뭐예요?"라고 하면 가입이 안 되어 있을 확률이 높기 때문에 가입을 유도하고, "네. 연락처 알려드리면 되지요?"라고 하면, 자연스럽게 혜택 확인을 할 수 있다. 상술로 보이지 않고, 고객을 돕는 느낌이 든다.

멤버스 제도의 운영

출처 : LF MEMBERS

5. 피팅

고객이 제안한 상품을 마음에 들어 한다면, 다음으로 샵매니저는 어떤 응대를 해야 하는가? 그렇다. 피팅룸 앞으로 고객과 함께 이동해보자.

"고객님. 피팅룸에서 편하게 입어보실 수 있어요. 이쪽으로 안내해드리겠습니다."

의류인 경우는 피팅을, 슈즈라면 착화를, 음식이라면 시식을 권하는 것이다. 왜일까? 사실 시착이야말로 고객 경험의 절정이라고 할 수 있다. 정성스레 준비한 우리의 상품을 고객이 직접 느끼게 되는 영화로 치면 클라이맥스가 아닌가. 어찌 보면 여기까지 오기 위해 우리는 그렇게 열심히 고객 응대를 한 것이다.

CHAPTER 3. 샵매니저의 확실한 고객 관리 전략 1_스토어 고객 경험 관리(CXM) 실천

"패션제품 구매 결정에 영향을 미치는 피팅룸 환경 요인에 관한 연구" 중에서

피팅룸은 매우 단순하면서도 확실한 소비자의 구매 전 행동을 보여주는 장소라고 할 수 있으며, 피팅룸에 들어가는 고객의 수가 늘어날수록 매출도 올라간다(Kim, 2018). 고객이 피팅룸에 들어가면 해당 고객이 구매할 확률이 67% 증가하는 것으로 나타났으며, 특히 브랜드 이미지를 반영하거나 새로운 기술과 트렌드를 수용하는 피팅룸은 구매 확률이 더욱 높아진다("How does the fitting room", 2016). 또한, 소비자가 피팅룸을 통해 제품을 구입한 경우 평가나 신뢰에도 긍정적으로 작용한다.

출처 : 한국의류산업학회지 pISSN 1229-2060 제24권 제6호, 2022 박현희, 이은경, 전중옥

위의 연구에서도 증명되었다시피 시착은 중요하다. 따라서 고객에게 우리의 상품을 직접 경험하도록 편안히 가이드하는 것이 샵매니저의 응대 스킬이 될 수밖에 없는 것이다. 이렇게 상품에 대한 경험이 매장에서 일어나는 중요한 경험이 되었기에, 최근 다양한 브랜드들이 피팅룸을 꾸미는 데 진심이며, 좋은 경험을 제공하고 있다.

무신사 스탠다드 '라이브 피팅룸'

출처 : 헤럴드경제

똑똑한 샵매니저는 이렇게 일합니다

6. 구매

"네, 이걸로 할게요."

매장에서 샵매니저를 가장 행복하게 하는 말이 아닐까. 피팅하고, 수선이 필요하다면 전문적으로 서비스를 제공해 결국, 우리는 고객에게 예스(YES)를 얻어낸다.

그렇다면 이때 고객은 어떤 마음일까? 구매를 결정하는 그 단계에, 우리는 웃고 있지만 고객은? 행복할 수도 혹은 불안할 수도 있다. 이러한 심리를 안다면, 우리가 그 심리에 안정감을 더해줄 수 있지 않을까.

그 맞춤 응대는 앞 여정을 파악하며 나눈 대화에서 찾아볼 수 있는데, 상품탐색 과정에서 고객이 지금 구매하려는 상품이 어떤 TPO(Time, Place, Occasion)를 위한 상품인지, 상품 설명과정에서는 어떤 특성과 이익에 집중하고 있는지 파악할 수 있었다. 구매를 결정하는 과정에서는 고객의 그 심리를 파고드는 커뮤니케이션이 필요한 것이다.

"네, 고객님. 오랫동안 세련되게 입으실 거예요."
"네, 고객님. 모임에서 단연 돋보이실 거예요."

정답은 없다. 고객에게 맞춰진 말이 곧 정답일 뿐이다. 샵매니저의 이 말에 고객은 구매에 대한 확신과 안정감을 느끼게 될 것이고, 이후 관리 방법이나 AS에 대한 전문적 설명이 더해진다면, 고객은 휴먼 터치를 통한 오프라인 매장의 가치에 긍정적인 감정을 갖게 될 것이다.

7. 배웅

잘 쌓은 탑을 배웅 길에 망쳐서는 안 될 것이다. 마무리의 긍정적 인식은 재방문의 핵심 키(key)가 된다. 내가 응대한 고객을 정성껏 배웅하고, 매장은 항상 당신을 기다리고 있다는 인식을 남기자. 매장에서의 즐거운 경험이 기억에 남고, 그것을 항상 만들어줄 나의 퍼스널 쇼퍼가 존재하는 곳이 바로 여기 있다는 신뢰와 믿음이다.

"고객님, 제 명함입니다. 스타일링이 필요하실 때 편히 연락 주세요."
"매장에 다양한 이벤트가 있습니다. 진행될 때 제가 알림을 드려도 괜찮을까요?"

이렇게 고객과의 인연을 이어가는 것이다. 지금 시대에 고객에게 손 편지를 쓰고, 절박함을 호소하는 관계관리를 하라고 권하지는 않는다. 다만, 고객과의 연결고리를 갖고 그들이 매장을 다시 찾도록 '요즘스럽게' 매장 마케팅하자는 것이다.

패션 매장이 '방문 예약'을 받는다면 어떤가? 헤어샵처럼 말이다. 포털사이트에 매장등록을 했다면 가능한 일이다. 실제로 고객이 매장으로 예약해준다면, 우리도 퍼스널 쇼퍼가 되기 위해 시간과 스케줄을 조절해 고객에게 집중한 고급 서비스를 제공해 또 다른 경험을 전달할 수 있게 된다.

당사가 운영하는 매장 중에도 예약시스템을 통해 고객이 스스로 방문을 알리고, 편히 원하는 서비스를 제공받을 수 있도록 한 좋은 사례가 있다. 고객이 기꺼이 찾아와주시니 감사할 따름이고, 이를 통해 고객과 샵매니저 간

매장의 방문예약 서비스

출처 : 글로벌휴먼스, 네이버

의 신뢰는 더욱 상승해 매출로 직결된다.

이처럼 우리는 매장의 고객 여정 지도를 통해 고객이 매장을 편안하고, 다시 찾고 싶은 공간으로 느끼게 해야 한다. 또한, 프로페셔널한 직원의 서비스를 통해 고객과 지속적인 관계를 형성해 변화하는 리테일 환경에서도 자생력을 키워야 한다. Store CXM, 오프라인 매장만이 가질 수 있는 매력을 발산해보자.

샵매니저가 반드시 알아야 할 핵심 포인트

1. 매장 외관 : 매장은 고객을 유인하는 달콤함이 있어야 하며, 청결 관리와 VMD 전략을 통해 매력적인 공간으로 연출되어야 한다.

2. 입점 환영 : 고객에게 다가갈 때 제스처를 사용해 밝은 미소로 인사하며, 고객의 방문 여부에 따라 맞춤형 응대를 해야 한다.

3. 상품탐색 : 스몰 토크와 질문을 활용해 고객의 취향을 파악하고, 맞춤형 서비스를 제공해야 한다.

4. 상품설명 : 프로페셔널한 자세로 상품의 특성과 혜택을 고객에게 전달하며, 멤버십 확인을 자연스럽게 유도해야 한다.

5. 피팅 : 고객이 상품을 직접 경험할 수 있도록 편안하게 안내하며, 피팅룸 환경을 개선해 구매 확률을 높여야 한다.

6. 구매 : 고객의 심리를 파악해 구매에 대한 확신과 안정감을 제공하고, 관리 방법과 AS에 대한 전문적인 설명을 해야 한다.

7. 배웅 : 고객과의 인연을 이어갈 방법을 모색하며, 매장 방문 예약 등의 서비스를 도입해 고객과의 신뢰를 쌓아야 한다.

샵매니저는 고객여정지도를 통해 고객에게 편안하고 다시 찾고 싶은 공간으로서의 매력을 보여주며, 프로페셔널한 서비스를 제공해 지속적인 관계를 맺을 수 있어야 한다.

SMART SHOP MANAGER

CHAPTER

4

"고객은 당신의 제품을 구매하는 것이 아니라,
당신이 제공하는 해결책을 구매한다."

– 마이클 레벨

샵매니저의 확실한 고객 관리 전략 2_
신규고객 창출과 기존고객 관리

고객은 한 그루의 나무를 가꾸는 것과 같다.

Chapter 3에서 우리는 매출공식을 기반으로 Store CXM을 실천하기 위한 다양한 방법들을 살펴봤다.

과거에도, 현재에도 존재하는 오프라인 매장에서 고객과 대면하는 방법이 다양해진 것은 분명하지만, 근본적으로 고객을 마치 하나의 나무를 키우듯이 정성을 들여 가꾸고, 그 고객으로 하여금 더 큰 열매를 맺는 일련의 과정들은 매출을 목표로 하는 영업의 현장에서는 불변의 진리라고 할 수 있을 것이다.

신규고객 창출 – 매장의 가망고객 발굴

그렇다면 우리의 고객들은 어떻게 가꾸어야 할까?

먼저 가망고객 발굴과 신규고객 창출 활동을 시작해보자. 매출공식에서 다룬 '입점고객 수'를 상세히 뜯어보면, '신규고객'과 '고정고객'으로 나눌 수 있다. 샵매니저로서 보다 시야를 넓혀본다면, 문을 열고 들어오는 고객 이전에 아직 매장을 모르는 고객이지만, 우리 매장의 페르소나로서 매장에 방문할 확률이 높은 고객들, 즉 '가망고객'을 이해하고 찾아 나설 필요가 있을 것이다.

과연 내 매장의 가망고객은 어디에 있을까? 해답은 매장에 있다. 내 매장의 위치와 고객 페르소나에 대한 고민이 충분했다면, 매장이 위치한 주변과 고객 데이터를 기반으로 아직 만나보지 못한 고객들이 주변 어느 곳에 있을지 적극적으로 찾아 나서야 한다.

○○ 백화점에 위치한 당사의 매장의 경우, 신규고객이 부족한 현실을 극복해보고자 가망고객 발굴에 힘썼는데, 해당 백화점이 시스템적으로 한 발 앞서 주력고객인 '직장인' 고객을 모으는 프로모션을 시작했다. 일명 '직장인 클럽'이다. 유통사 역시 가망고객에 대한 발굴 의지가 간절할 수밖에 없는 현실이다 보니 이러한 제도를 점 내에 도입하고, 고객들이 찾아와주기를 바랄

CHAPTER 4. 샵매니저의 확실한 고객 관리 전략 2_신규고객 창출과 기존고객 관리

수밖에 없다. 유통사에 입점한 매장이라면 기꺼이 빠르게 이러한 제도를 활용하는 것이 샵매니저의 능동적 영업력일 것인데, 해당 제도에 진입해 백화점이 모아준 고객을 우리 매장으로 방문할 수 있도록 혜택 등을 제공하는 것이다.

내 주변의 가망고객 발굴하기

출처 : 현대백화점 직장인 멤버십 '클럽프렌즈'
(https://www.h-point.co.kr/benefit/clubFriend.nhd)

롯데백화점 을지로 클럽

출처 : 롯데백화점
(https://www.lotteshopping.com)

이것은 백화점만이 누릴 수 있는 발굴 방법이 아니냐고? 물론 그렇다. 내가 투자하는 시간과 노력에 비해 비교적 손쉽게 접근해볼 수 있는 방법이다. 하지만, 근 20년간 패션 리테일에 종사하면서 이런 트렌디한 방법을 빠르게 받아들이고, 내 매장 영업에 활용하는 샵매니저는 그렇게 많지 않았다. 그래서 책을 통해 주변에 활용할 만한 아이디어를 적극적으로 살펴보고 활용하자는 제안을 하고 싶었다.

만약 내 매장이 로드숍이고, 주변에서 가망고객을 발굴해줄 시스템과 자본을 찾기 어렵다면 이때야말로 내가 두 발 벗고 나서야 할 때다. 사실, 가망고객을 발굴하기 위한 다양한 활동 사례는 로드숍 사장님들에게서 많이 보고 배웠다. 로드숍은 사실 고정고객(단골고객)으로 장사하는 매장이 아니냐는 인식이 팽배하고, 현실에서 매출비중 역시 고정고객이 압도적이지만, 건강하게 오래오래 영업하는 매장의 샵매니저는 가망고객을 발굴하는 데 노력을 게을리하지 않는다. 맑은 물을 계속 붓는 활동이 없이는 매장이 롱런하는 영업을 하기 어렵다는 진리를 잘 알고 있기 때문이다.

로드숍 샵매니저들이 가망고객 발굴을 위해 가장 먼저 하는 행동은, 내 브랜드와 매장의 강점을 객관적으로 파악하는 것이다. 브랜드의 환상에 젖지도, 매장을 아끼는 감성에 젖지도 말고, 매장에 확보된 고객 데이터와 주변의 의견을 적극적으로 받아들이는 것이다.

내 매장 주변의 Traffic Generator

TG(Traffic Generator)	특징	장단점
교통거점 (역, 버스정류장, 공항, 주차장)	출퇴근 시 방문 용이	장점 : 대중교통 이용 시 유동고객이 확보되어 입점고객 수 높음 단점 : 주차시설 운영 多
상업지역 (쇼핑센터, 백화점)	쇼핑센터, 백화점 - 경쟁 브랜드 밀집	장점 : 유동고객 확보로 입점고객 수 높음 단점 : 쇼핑몰, 백화점 프로모션 대응 어려움이 있음
레저시설 (스포츠센터, 문화센터)	결혼, 이벤트 등 특수기 이슈 활용	장점 : 제휴 마케팅 가능(예 : 슈트) 단점 : 단체 접촉이 아닌 개인 접촉으로 어려움이 있음
사업지역 (오피스 빌딩, 사업소, 공장, 은행)	홍보담당자 접촉 후 인트라넷을 통한 브랜드 홍보 가능	장점 : 기업행사 시 단체 납품 유도 용이 단점 : 단기간 관리로 접근 유도 힘들다는 어려움이 있음
학교 (초·중·고등학교, 대학교)	입학식, 졸업식, 스승의 날, 체육 대회 등 이벤트 多	장점 : 학교 행사 시 단체 납품 유도 용이하며 선물 수요 많음 단점 : 제휴 마케팅이 힘들며 특수시기에만 진행
병원 의료시설 (병원, 건강검진센터)	의료시설 직원 및 방문객 다수	장점 : 의료시설 직원 대상으로 단체 납품 가능 단점 : 고객 변동이 심함(환자, 병문안 방문객 등)
각종 단체 (시민단체, 번영회, 자치회, 종교단체)	대표 1人 접촉으로 다수 고객 확보	장점 : 단체 행사 시 유니폼 단체 납품 용이 단점 : 단기간 고객 확보에 어려움이 있음
관공서 (시청, 구청, 동사무소)	직원 및 방문객 다수	장점 : 직원 다수 공무원으로 제휴 패밀리 고객 多 접근 용이 단점 : 방문객 대상 고정고객화에 어려움이 있음
기타 (계절행사가 열리는 곳, 관광지, 명소)	관광객 방문 용이	장점 : 유동고객이 확보되어 입점고객 수 높음 단점 : 고정고객화 하기 어려움이 있음
동호회, 봉사단체	대표 1人 접촉으로 다수 고객 확보	장점 : 동호회, 봉사단체 단체 유니폼 납품 용이 단점 : 단체 납품의 경우 일회성에 그칠 수 있음

출처 : 글로벌휴먼스

똑똑한 샵매니저는 이렇게 일합니다

대학교 방문 신규고객 모집활동

출처 : 글로벌휴먼스

로드숍 상권에 골프웨어 브랜드 매장을 운영한다고 가정해보자. 샵매니저는 지역에 오래 거주한 터라 주변 상황과 변화를 잘 알고 있다. 또한, 다양한 사람들과 어울려 매장에 대한 의견도 잘 청취한다. 이런 매장에서 가망고객 발굴은 어떻게 시작하면 좋을까?

먼저 골프웨어라는 특성을 반영해 주변의 '골프 피플'이 어디에 모이는지 살펴봐야 한다. '골린이'도 포함된다. 지방 상권이라면 골프장 이용 고객이 잠재고객일 것이고, 골프장으로 가기 위한 연습장도 있을 것이다. 이곳부터 노려볼 필요가 있다.

가망고객 발굴은 일종의 아웃바운드 영업인데, 첫걸음이 어려운 도전일 수 있다. 보험영업처럼 전혀 모르는 생소한 문을 두드려야 하기 때문이다. 샵매니저는 이런 영업을 자주 해본 경험이 없어서 두려움이 있다. 하지만 '거절은 나를 향한 게 아니다'라는 생각을 가지고 문을 두드릴 결심을 하자.

지역 내 오랜 거주경험이 있다는 것은 주변의 골프연습장, 골프장의 정보를 얻을 수 있는 네트워크를 형성하고 있을 확률이 높다고도 할 수 있다. 나의 조력자들은 생각보다 가까이에 있을 수 있다. 네트워크를 활용해 내 매장 주변의 골프연습장과의 '제휴'를 맺는 것이 가망고객을 발굴하는 방법이 된다. 물론, 공짜는 없다. 윈윈할 수 있는 조건을 제안해 협상하는 것이다.

골프연습장에 매장 브로셔를 비치하거나 방문 시 사은품을 제공하는 등 추가 서비스를 제공할 수 있다. 골프연습장이 원한다면 우리 매장에도 홍보해주는 식의 혜택을 줄 수 있다. 이렇게 골프라는 매개체로 좋은 영업 기회를 만들 수 있다.

인근시설 매장홍보물 설치

출처 : 글로벌휴먼스

사실 이런 방법으로 다양한 네트워크를 형성하는 샵매니저들이 많다. 지역 라이온스클럽, 로타리클럽 등 지역단체들이 그 예이고, 종교단체를 포함한 샵매니저의 라이프스타일 내 모임을 활용하기를 권한다.

지역 골프동호회 가망고객 발굴 활동

출처 : 구글

백화점의 샵매니저는 상대적으로 이러한 사교활동에 제약이 많다고 이야기하는 경우가 많다. 하지만 방법은 찾을 수 있다. 백화점이라는 공간 자체가 비슷한 라이프스타일의 고객들이 모이는 곳이기 때문에 멀리 나가 아웃바운딩 하기 어렵다면, 점 내에서 내 매장과 고객 페르소나가 유사한 매장의 샵매니저와 협업해 동일하게 윈윈 전략을 펼치면 된다.

제휴 마케팅이라는 표현이 어렵게 느껴진다면, 매장과 매장의 콜라보레이션이라고 생각하자. 의류매장과 코스메틱, 액세서리 매장과 F&B 등 콜라보레이션을 이루는 데 경계는 없다. 누가 먼저 문을 두드리냐가 문제일 뿐이다.

비슷한 페르소나를 가진 매장끼리 콜라보레이션으로 고객을 공유하고, 그로 인해 두 매장 모두 매출에 성과가 나는 등 다양한 사례를 본 바 있다. 이 도전은 '매출을 만드는' 샵매니저가 되는 중요한 역량일 것이다.

백화점 내 콜라보레이션

출처 : 글로벌휴먼스

샵매니저가 반드시 알아야 할 핵심 포인트

1. 고객 관리 전략에서 고객은 한 그루의 나무를 가꾸는 것과 같다. 매출을 목표로 하는 영업 현장에서 고객을 정성 들여 가꾸고, 더 큰 열매를 맺게 하는 과정은 불변의 진리다.

2. 첫 번째로 가망고객 발굴과 신규고객 창출 활동을 시작해야 한다. 매장에 방문하는 고객 이전에 매장의 페르소나로서 방문 확률이 높은 '가망고객'을 이해하고 찾아 나서야 한다. 해답은 매장의 위치와 고객 데이터를 기반으로 주변에서 찾을 수 있다.

3. 백화점에 위치한 매장의 경우, 유통사의 프로모션을 활용해 가망고객을 발굴할 수 있다. 로드숍의 경우, 샵매니저가 직접 나서서 브랜드와 매장의 강점을 객관적으로 파악하고, 고객 데이터와 주변의 의견을 적극적으로 받아들여야 한다.

4. 가망고객 발굴을 위해 내 매장 주변의 Traffic Generator를 파악하고, 대학교 방문 등 신규고객 모집활동을 전개해야 한다. 건강하게 오래 영업하는 매장의 샵매니저는 가망고객을 발굴하는 데 노력을 게을리하지 않는다.

5. 로드숍 매장에서 가망고객을 발굴하기 위한 구체적인 방법
   - 골프웨어 브랜드 매장의 경우 주변의 '골프피플'이 어디에 모이는지 살펴봐야 한다. 골프장이나 골프연습장을 이용하는 고객들이 잠재적 가망고객일 수 있다.
   - 샵매니저는 지역 내 오랜 거주 경험을 바탕으로 형성된 네트워크를 활용해 골프연습장과의 제휴를 맺을 수 있다. 매장 브로서 비치, 방문 시 사은품 제공 등의 혜택을 제안하고, 골프연습장 등록 시 추가 혜택을 제공하는 등의 윈윈 전략을 펼칠 수 있다.
   - 또한, 지역 라이온스클럽, 로타리클럽 등 지역 단체나 종교

단체, 샵매니저의 라이프스타일 내 모임을 활용해 네트워크를 형성할 수 있다.

- 백화점 매장의 경우, 점 내에 고객 페르소나가 유사한 매장의 샵매니저와 협업해 매장 간 콜라보레이션을 진행할 수 있다. 의류 매장과 코스메틱, 액세서리 매장과 F&B 등 다양한 조합으로 고객을 셰어하고 매출성과를 낼 수 있다.

- 가망고객 발굴은 일종의 아웃바운드 영업이므로 거절에 대한 두려움을 극복하고, 적극적으로 도전하는 자세가 필요하다. 이는 매출을 만드는 샵매니저가 되기 위한 중요한 역량이다.

기존고객 관리
– 고정고객 만들기 5단계

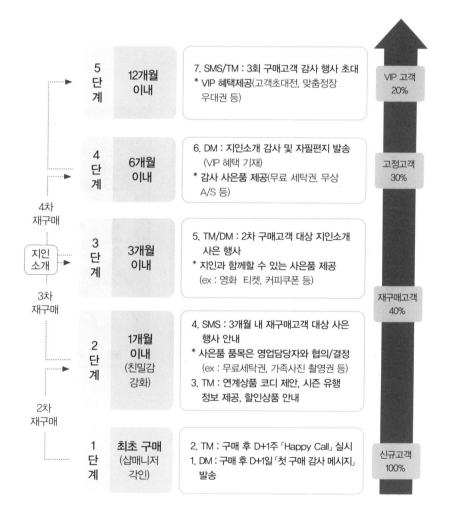

5단계	12개월 이내	7. SMS/TM : 3회 구매고객 감사 행사 초대 * VIP 혜택제공(고객초대전, 맞춤정장 우대권 등)
4단계	6개월 이내	6. DM : 지인소개 감사 및 자필편지 발송 (VIP 혜택 기재) * 감사 사은품 제공(무료 세탁권, 무상 A/S 등)
3단계	3개월 이내	5. TM/DM : 2차 구매고객 대상 지인소개 사은 행사 * 지인과 함께할 수 있는 사은품 제공 (ex : 영화 티켓, 커피쿠폰 등)
2단계	1개월 이내 (친밀감 강화)	4. SMS : 3개월 내 재구매고객 대상 사은 행사 안내 * 사은 품목은 영업담당자와 협의/결정 (ex : 무료세탁권, 가족사진 촬영권 등) 3. TM : 연계상품 코디 제안, 시즌 유행 정보 제공, 할인상품 안내
1단계	최초 구매 (샵매니저 각인)	2. TM : 구매 후 D+1주 「Happy Call」 실시 1. DM : 구매 후 D+1일 「첫 구매 감사 메시지」 발송

4차 재구매

지인 소개

3차 재구매

2차 재구매

VIP 고객 20%

고정고객 30%

재구매고객 40%

신규고객 100%

CHAPTER 4. 샵매니저의 확실한 고객 관리 전략 2_신규고객 창출과 기존고객 관리

고객이 우리 매장을 경험하는 마지막 단계는 '배웅'이었다. 구매/비구매고객을 구분하지 않고 정성스레 배웅했다면, 그때 고객에게 전달해야 할 인식은 '여기에 언제든 당신을 위한 샵매니저가 존재한다'라는 것이다.

명품매장의 경우, 고객의 배웅단계에 본인의 명함을 전달하고, 매장 카카오톡으로 바로 친구 맺기를 권한다. 이후 매장을 나온 지 10분이 채 안 되어 '카톡'이 울린다. 오늘 나를 응대했던 그 직원이 보낸 메시지다.

샵매니저의 고객 관리

출처 : 글로벌휴먼스

이후 정기적으로 샵매니저는 고객과의 커뮤니케이션을 시도한다. 메시지에는 상품에 관한 이야기는 별로 없다. '지나가다 들러달라', '날씨가 변덕스

러우니 건강 유의해라' 등의 친밀한 이야기가 대부분이다.

가만히 있어도 매출이 오른다는 명품매장이 왜 이렇게까지 개별 고객에게 시간과 에너지를 할애해 친해지기를 시도할까? 이것이 고객 관리의 시작이기 때문이다.

좀 더 자본주의적으로 살펴보자면, 파레토의 법칙이 통하기 때문이다. 파레토의 법칙이란 일명 2:8 법칙으로, 전체 결과의 80%가 전체 원인의 20%에서 일어나는 현상을 말한다. 영업적으로는 상위 20%의 고객이 전체 매출의 80%에 해당하는 만큼 매출을 일으켜준다는 의미다. 실제 백화점마다 VIP 그룹을 만들고, 그들에게 특별한 혜택을 제공하는 이유도 여기에 있다.

백화점 VIP 등급별 금액

높아진 백화점 VIP 구매금액 기준

신세계백화점

1억 2,000만 원 구매 등급 신설	
다이아몬드 등급 7,000만 원	

롯데백화점

에비뉴엘 퍼플	4,000만 원·6,000만 원 → 5,000만 원·7,000만 원
애비뉴엘 오렌지	1,800만 원 → 2,000만 원
에비뉴엘 그린	400만 원 → 1,000만 원

현대백화점

프레스티지 등급 신설	
자스민 블랙	1억 2,000만 원 → 1억 5,000만 원
자스민 블루	8,000만 원 → 1억 원
자스민	5,500만 원 → 6,500만 원

출처 : 중앙일보

더구나 최근에는 소위 '영릭셔리'그룹이 떠오르면서 젊은 세대 중 큰손들이 매출을 견인해주고 있기에, 이들을 위한 특급 서비스가 추가되기도 한다.

영릭셔리를 위한 백화점 VIP제도

20~30대 겨냥한 백화점 우수고객(VIP) 제도

롯데	VIP+(연간 800만 원 이상 구매) VIP(연간 400만 원 이상 구매)
신세계	블랙(연간 800만 원 이상 구매) 레드(연간 400만 원 이상 구매)
현대	클럽YP(연간 3,000만 원 이상 구매) 그린(연간 500만 원 이상 구매)
갤러리아	제이드+(연간 1,000만 원 이상 구매) 제이드(연간 500만 원 이상 구매)
주요 혜택	5~10% 할인,무료 주차,발레파킹, 전용 라운지 등 등급별 상이

출처 : 중앙일보

샵매니저가 반드시 알아야 할 핵심 포인트

1. 기존고객 관리를 위해서는 데이터화 된 '기존고객 관리'에 집중해야 한다. '고정고객 만들기 5단계'를 통해 고객의 기여도를 지속해서 높여야 한다.

2. 고객이 매장을 경험하는 마지막 단계인 '배웅'에서는 언제든 고객을 위한 샵매니저가 존재한다는 인식을 전달해야 한다. 명품매장의 경우, 샵매니저가 명함을 전달하고 카카오톡으로 친구 맺기를 권하며, 이후 정기적으로 고객과 커뮤니케이션을 시도한다.

3. 개별 고객에게 시간과 에너지를 할애해 친해지기를 시도하는 이유는 파레토의 법칙 때문이다. 상위 20%의 고객이 전체 매출의 80%를 일으키기 때문에 VIP 그룹을 만들고 특별한 혜택을 제공하는 것이다.

4. 최근에는 '영럭셔리' 그룹이 떠오르면서 젊은 세대 중 큰손들이 매출을 견인해주고 있어, 이들을 위한 특급 서비스가 추가되기도 한다.

우리 매장에 파레토의 법칙 적용하기

그렇다면 파레토의 법칙이 우리 매장에도 통할까? 물론이다.

POS 시스템이 잘 갖춰진 매장이라면 고객 정보에 대한 세분화를 매장이 스스로 할 수 있고, 그에 따라 매장의 고객 그룹에 따른 매출비중을 추출해낼 수 있다. 2:8에서 크게 벗어나지 않는 결과를 볼 수 있을 것이다. 과거에 분석해본 결과, 당사는 2.4:7.6 정도의 비중이었는데, 이 역시 고정고객 만들기에 노력을 기울여야 하는 인사이트를 얻는 동일한 개념이었다.

고정고객 만들기 5단계를 완성하기 위해 샵매니저는 단계별로 매장만의 전략을 세우고 행동해야 한다.

1단계, 구매 직후 : 첫 구매에 대한 감사함과 샵매니저인 나를 알려라

앞서 예시로 든 것처럼 고객의 구매 경험 이후(가능하다면 해당일 중으로) "오늘 응대를 도와드린 샵매니저 ○○○입니다"라는 메시지로 고객과 소통을 시작한다. 고객이 그에 응답하고, 샵매니저와 대화를 허락하는 것이 첫 단계이다.

2단계, 1개월 이내 : 고객과 친해져라

친해지는 방법은 다양하다. 단, 여기서 친밀은 고객이 허락한 범위 내에서

다. 고객은 다양한 브랜드와 매장에서 접촉을 받기 때문에 피로도에 의해 오히려 거부감이 들 수 있다. 그렇기에 고객에게 접촉하기 전에는 반드시 고객의 허락을 구해야 하고, 이를 바탕으로 접근하기를 권한다.

여러 빈도를 시도해본 결과, 2~3주 1회 정도의 접촉이 고객에게 가장 덜 부담되는 주기로 파악되었다. 고객의 성향에 따라 차이가 있겠지만, 요즘 고객이라면 유선 통화보다 메시지로 대화하는 것이 편리하다. 다소 일방적인 대화가 될 수 있겠지만, 반응 여부는 고객이 선택한다. 샵매니저는 그 메시지가 고객에게 '친밀함'으로 느껴지도록 다양하게 모양을 변형하며 다가가야 한다.

요즘 고객들은 광고의 홍수에 빠져 있기에 '상술'이 느껴지는 메시지라면 단번에 차단한다. 그러므로 우리는 '휴먼 터치'가 느껴지는 메시지 제공을 연구해야 하는데, 텍스트보다는 이미지로 내 매장만의 메시지를 개발하길 권한다.

메시지를 받고 반응하는 고객이 있다면 반드시 별도로 관리해야 한다. 이들은 내 매장의 옹호고객이 될 확률이 높으며, 샵매니저와 친밀감 형성에 한 걸음 다가와준 소중한 고객이다.

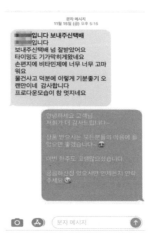

3단계, 3개월 이내 : 재방문, 재구매를 유도하라

이제 우리의 속마음을 살짝 드러내볼 차례다. 고객과 어느 정도 친밀감이 느껴진다면 매장으로 다시 초대하자. 실제 3개월 내 매장에 재방문, 재구매가 이루어진 고객은 1년 뒤 VIP로 남을 확률이 매우 높아지는 것으로 증명되었다. 그렇기에 매장은 고객의 3개월 차 재방문을 유도하는 대화를 신상품 입고 혹은 기존 구매상품의 연계 코디 제안 등으로 실행하기를 권한다.

특히 패션의류 매장이라면 3개월이라는 시간은 시즌이 바뀌는 기간이다. 새로운 계절에 새로운 패션아이템을 구매하도록 유도하는 시점인 것이다.

그 대시는 첫 구매 2개월째부터 꾸준히 해야 한다. 한 번에 응답하는 고객

은 없는 법이다. 부담을 주지 않되 지속력은 유지하는 것이 고객 관리의 정성
이다.

고객 재방문 유도를 위한 다양한 메시지

출처 : 글로벌휴먼스

특히 언택트 마케팅이 강화되었던 코로나 팬데믹 시대를 살면서 우리는
매장으로 오지 않는 고객에게 새로운 상품을 권하는 데 큰 어려움을 겪었다.
집에서 다양한 컨텐츠와 OTT에 익숙해진 고객은 더 이상 텍스트가 즐비한
문자에 반응하지 않았다.

고민 끝에 매장에서 할 수 있는 쇼츠형 컨텐츠를 제작해 고객에게 발송하
는 SMS에 그 컨텐츠를 실었다. 그러자 반응이 왔다. 고객은 내가 갔던 매장
이 보이면서 샵매니저가 설명해주는 상품에 호기심을 갖게 되었고, 전화 문
의가 이어졌다. 이후 고객의 방문 약속과 함께 매출이 발생하는 고객 방문 유
도 전략이 통했다.

해당 영상은 유튜브 채널과 연동해 일석이조의 효과를 누렸다. 재미와 함께 라이브방송의 예고편을 보는 듯한 새로운 채널 구독이 일어난 것이다.

역시 고민하고 도전하면 안 되는 일은 없었다. 현재 고객의 컨디션과 구매 심리를 파악하고, 요즘 것으로 그 모양만 바꿨을 뿐인데, 고객은 감사하게도 다른 매장이 아닌 내 매장에 관심을 표현해준다. 이것이 고객을 끌어들이는 샵매니저의 역량이자 능력일 것이다.

똑똑한 샵매니저는 이렇게 일합니다

4단계, 6개월 이내 : 지인을 소개받아라

재방문, 재구매가 3회 이상 이루어진 고객이 있다면, 이분은 우리의 key-man이 되었다.

해당 고객이 계속 본인의 아이템만 구매하는 것은 쉽지 않다. 그렇다고 이정도의 옹호성을 보여주는 고객을 그냥 방치할 것인가? 이제는 보다 고급 영업 스킬인 '지인 소개' 단계로 올라가자. 본인의 지인을 소개하고, 그 고객이 구매를 이루면 받을 수 있는 혜택을 제공하는 것이다.

같은 상권에 영화관이 있던 어느 매장에서 고정고객이 다른 고객을 추천해오는 경우, 혜택으로 영화 관람권을 제공하는 매장 프로모션을 진행했다. 30명의 고객에게 혜택을 제안했고, 40%의 반응률인 12명의 고객이 지

지인 추천 이벤트 1

출처 : 롯데백화점

지인 추천 이벤트 2

출처 : 신세계면세점

CHAPTER 4. 샵매니저의 확실한 고객 관리 전략 2_신규고객 창출과 기존고객 관리

인과 함께 매장에 방문해 구매에 성공했다. 인풋 비용 360,000원에 아웃풋 2,800,000원이다. 투자할 만한 가치가 있지 않나? 중요한 것은, 함께 방문한 그 고객이 고정고객 만들기의 새로운 단계로 진입할 수 있게 된다는 것과 동일한 방법의 연장선이 이어진다는 점이다. 고객이 새로운 마중물을 부어주는 셈이다.

5단계, 12개월 이내 : 3회 이상 구매한 고객을 위한 이벤트를 열어라

마지막 단계까지 도달한 고객이라면 이분이야말로 백화점 VIP 혜택 못지않은 이벤트의 주인공이 될 충분한 의미가 있다. 브랜드의 가치로 특별한 혜

멤버 등급과 혜택

출처 : LF 멤버스

똑똑한 샵매니저는 이렇게 일합니다

택을 제공하게 되는 경우라면 더욱 풍성하고 럭셔리한 서비스를 제공할 수 있을 것이고, 매장 단위라면 고객이 가치를 느낄 만한 이벤트를 기획해보자.

브랜드에서는 유명 패션브랜드들의 고객 등급별 혜택에 많은 사례를 찾아볼 수 있다. 다만, 매장 단위에서의 비용 한계를 극복해야 한다면, 보다 감성적인 이벤트로 고객에게 감동을 주는 것도 가능할 것이다.

매장에서의 식사 초대전이 한 방법일 수 있다. 40~50대 여성 고객이 주력인 매장의 샵매니저는 매장의 고정고객과 축일(생일) 전후로 식사 초대전을 연다. 이 연령대 여성 고객은 본인의 생일을 누군가 축하하는 자리를 대접받는 것에 감동받는 경우가 많고, 친밀감이 형성된 샵매니저와의 친밀감이 바

고객과의 소통

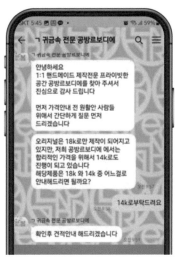

CHAPTER 4. 샵매니저의 확실한 고객 관리 전략 2_신규고객 창출과 기존고객 관리

탕이 되어 있기에 따뜻한 밥 한 끼의 시간에 또 다른 위로를 받기도 한다. 이 샵매니저는 감성이 담긴 작은 선물과 편지도 놓치지 않는데, 비용으로 계산하면 큰돈을 들이지 않지만, 고객의 옹호력을 끌어올리는 대단히 효과적인 매장 프로모션으로 고객을 샵매니저와 매장의 마니아로 관리하는 것이다.

매장 VIP 초대

출처 : 글로벌휴먼스

샵매니저가 반드시 알아야 할 핵심 포인트

1. 우리 매장에도 파레토 법칙이 통하며, 고정고객 만들기 5단계를 통해 고객의 기여도를 높이는 전략을 세워야 한다.

2. 1단계(구매 직후)에서는 첫 구매에 대한 감사와 샵매니저를 알리는 메시지를 보내고, 2단계(1개월 이내)에서는 고객과 친밀해지기 위해 2~3주에 1회 정도 메시지를 보내야 한다. 메시지는 '휴먼 터치'가 느껴지도록 이미지를 활용하는 것이 좋다.

3. 3단계(3개월 이내)에서는 신상품 입고나 기존 구매상품의 연계 코디 제안 등으로 재방문, 재구매를 유도해야 한다. 쇼츠형 컨텐츠를 제작해 SMS로 발송하는 것도 효과적이다.

4. 4단계(6개월 이내)에서는 3회 이상 재방문, 재구매한 고객에게 지인 소개 혜택을 제공해 새로운 고객을 유치할 수 있다.

5. 5단계(12개월 이내)에서는 3회 이상 구매한 고객을 위한 특별한 이벤트를 기획해야 한다. 브랜드 차원의 혜택이나 매장에서의 감성적인 이벤트(식사 초대, 생일 축하 등)를 통해 고객과의 관계를 강화할 수 있다.

CHAPTER

5

"패션은 지나가는 유행이 아니라
계속해서 변화하는 방식이다."

– 코코 샤넬

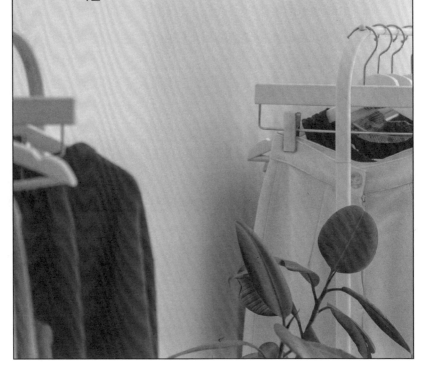

샵매니저의 현명한 마케팅 전략_
마켓 센싱과 매장 운영

트렌디함을
유지하는 비결

패션 리테일에서 일하는 사람이라면 트렌디하다는 말을 듣는 것이 어떻게 보면 당연하다. 기본적으로 유행과 트렌드에 민감하게 반응해야 고객의 니즈를 파악하고 대응할 수 있다. 고객들은 남들이 경험하지 못한 차별화된 경험을 먼저 하고자 하는 기본적인 욕구가 있기 때문에 새로운 스타일과 트렌드를 찾아 나선다.

그러므로 패션 리테일 종사자뿐 아니라 고객을 접하는 모든 업종의 사람들은 기본적으로 최신 트렌드를 파악하고, 상품을 업데이트해 고객들에게 다양하고 트렌디한 옵션을 제공해야 한다. 다시 말해, 트렌디하다는 말을 듣는 것은 패션 리테일 종사자로서의 역할과 책임을 잘 수행하고 있다는 인정의 표시라고 할 수 있다.

타의 추종을 불허하는 트렌디함을 장착한 영업팀 권 과장님에게 질문을 던졌다.

"도대체 트렌디하다는 말을 듣는 비결이 뭔가요?"

"트렌디하다는 평가의 일반적인 기준은 '평범하지 않다. 다양한 시도를 했다. 남들과는 조금 다른 차별성이 있다. 자신만의 독특한 취향과 스타일이 있다. 디테일이 살아 있다' 이런 기준에서 오는 것 같아요. 비결이라고 굳이 찾는다면 업무 특성상 다양한 사람을 만나는 일을 하다 보니 자연스럽게 최신 트렌드를 보게 되고, 무엇보다 이 시장의 변화를 좀 민감하게 보려고 애쓴 결과가 아닐까 싶어요."

트렌디하다고 칭하는 사람들은 기본적으로 모험적인 태도와 실험정신이 강하다는 것을 알 수 있다. 새로운 것을 시도하고 경험하는 것에 대한 열린 마음을 가지고 있어서 소셜 미디어나 다양한 채널을 통해서 소통하고, 공유하는 것을 즐기는 모습을 많이 볼 수 있다. 트렌디한 사람들은 특정 분야에서 영향력을 행사하거나 트렌드를 이끄는 트렌드세터로서의 활동도 많이 하고 있다.

트렌드세터(trendsetter)는 트렌드를 시작하거나 이끄는 사람을 의미한다. 자신의 개성과 열정으로 새로운 패션, 문화, 기술, 생활 방식 등 다양한 분야에서 주변 사람들에게 영감을 주고, 새로운 방향성을 제시하는 역할을 한다. 기본적으로 다른 사람의 관점을 존중하고 받아들이는 마음가짐을 갖추고 있기에 패션, 미디어, 엔터테인먼트 등 다양한 분야에서 새로운 트렌드를 만들거나 혁신적인 아이디어를 제시해 사회적인 변화를 이끄는 역할을 하기도 한다.

패션 분야의 트렌드한 사례를 몇 가지 알아보자.

1. 스트리트 패션의 부상 : 최근 몇 년간 스트리트 패션은 대중들 사이에서 큰 인기를 끌고 있다. 브랜드들은 스트리트 문화에서 영감을 받아 디자인한 의류를 선보이며, 유명 인플루언서들이나 스트리트 스타일을 즐기는 사람들로부터 큰 관심을 받고 있다.

스트리트 패션 룩

출처 : 패션엔

2. 지속 가능한 패션 : 환경 보호
와 지속 가능한 소비에 관한 관심
이 높아지면서, 많은 패션브랜드가
지속 가능한 소재를 사용하거나 재
활용 의류를 생산하는 등 친환경적
인 패션을 선보이고 있다. 이러한
움직임은 패션 산업의 트렌드로 자
리 잡고 있다.

지속 가능한 패션 룩

출처 : MHN스포츠/엔터테인먼트 뉴스

똑똑한 샵매니저는 이렇게 일합니다

3. 레트로 리버스 : 레트로한 스타일이 요즘에 다시 유행하고 있다. 1980년대나 1990년대의 패션 요소들이 현대적인 스타일에 녹아들어, 레트로한 느낌을 살려낸 디자인들이 많이 나오고 있다. 이러한 레트로 트렌드는 의류뿐만 아니라 액세서리나 신발 등 다양한 패션아이템에도 적용되고 있다.

레트로 리버스 룩

출처 : 아디다스

새로운 아이디어, 패션, 기술 등을 빠르게 포착하고, 민감하게 반응하기 위해서는 시장 동향을 지속적으로 조사하고 파악해야 한다. 특히 패션업계 종사자들이라면 더더욱 트렌드에 민감하게 반응하기 위해서 패션 동향을 지속적으로 조사하고 파악해야 한다. 패션쇼, 전시회, 패션 매거진, 소셜 미디어 등을 통해 최신 트렌드와 스타일을 살펴보며, 가진 정보를 업데이트해야 할 것이다.

이는 고객이 원하는 다양한 스타일과 니즈를 빠르게 캐치(catch)하고, 그에 맞는 상품을 추천하기 위함이다. 매장을 방문하는 고객에게 트렌디한 정보를 제공하고, 고객이 원하는 상품을 제안하는 것은 우리가 해야 할 가장 기본적인 응대라고 할 수 있다.

패션 트렌드에 관한 정보를 얻을 수 있는 많은 사이트와 블로그들이 있다.

1. FASHION NET : 트렌드에 영향을 주는 인사이트 정보부터 시즌 기획에 필요한 데이터 기반 컬러, 스타일, 패브릭 트렌드 및 마켓 & 리테일 정보, 섬유패션 산업동향까지 한눈에 살펴볼 수 있는 국내 대표 섬유패션 빅데이터 정보 플랫폼이다.

출처 : FASHION NET

2. WGSN : 패션 및 디자인 트렌드, 소비자 인사이트 등을 다루는 선도적인 트렌드 예측 플랫폼이다.

WGSN 홈페이지

3. BoF(Business of Fashion) : 글로벌 패션 산업에 관한 뉴스, 분석, 트렌드 등을 다루는 매체, 패션비즈니스에 대한 정보를 제공한다.

BoF 홈페이지

4. VOGUE : 세계적으로 유명한 패션 매거진이다. VOGUE의 웹사이트에서는 패션 트렌드, 디자이너 인터뷰, 패션쇼 리뷰를 제공한다.

VOGUE 홈페이지

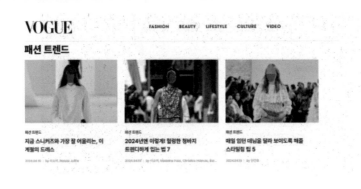

출처 : VOGUE KOREA

5. HIGHSNOBIETY : 스트리트 패션, 스니커즈, 의류 등 패션과 스트리트 문화에 관한 최신 정보를 제공하는 온라인 매거진이다.

HIGHSNOBIETY 홈페이지

출처 : Discover and Shop

똑똑한 샵매니저는 이렇게 일합니다

6. REFINERY29 : 여성들을 위한 패션, 뷰티, 문화 등 여러 주제를 다루는 라이프스타일 매체다. 패션 트렌드에 대한 다양한 기사를 제공한다.

REFINERY29 홈페이지

출처 : REFINERY29

인스타그램이나 인플루언서, 패션 블로거 같은 소셜 미디어 플랫폼에서도 다양한 패션 관련 콘텐츠를 찾을 수 있고, 실시간으로 패션 트렌드에 대한 정보를 받을 수 있다. 결국 트렌디하다는 것에 한 걸음 가까워지기 위해서는 적극적인 관심과 노력, 지속적인 시간 투자가 필요하다는 것을 알 수 있다.

더 나아가 이렇게 느끼고 배운 트렌디한 감각을 통해 내가 운영하는 매장에 접목할 수 있는 인사이트를 뽑아내는 것이 샵매니저의 Market Sensing Sales DNA라고 볼 수 있다.

마켓 센싱은 시장에서의 변화와 기회를 파악하고, 경쟁자의 움직임을 이해하는 데 중요한 역할을 한다. 소비자의 행동, 요구사항, 경쟁사의 전략, 시

장의 트렌드에 대한 정보 수집 및 분석을 통해 기업의 경쟁 우위를 유지하고
발전시키는 데 중요한 역할을 한다.

샵매니저가 반드시 알아야 할 핵심 포인트

1. 패션 리테일 종사자는 트렌디해야 하며, 이는 고객의 니즈를 파악하고 대응하기 위해 필수적이다. 트렌디하다는 평가를 받는 사람들은 모험적인 태도와 실험정신이 강하며, 다양한 채널을 통해 소통하고 공유하는 것을 즐긴다.

2. 트렌드세터는 자신의 개성과 열정으로 새로운 패션, 문화, 기술, 생활 방식 등 다양한 분야에서 주변 사람들에게 영감을 주고, 새로운 방향성을 제시하는 역할을 한다.

3. 최근 패션 분야의 트렌드로는 스트리트 패션의 부상, 지속 가능한 패션, 레트로 리버스 등이 있다.

4. 패션업계 종사자들은 패션쇼, 전시회, 패션 매거진, 소셜 미디어 등을 통해 최신 트렌드와 스타일을 지속해서 파악해야 한다. 이를 통해 고객이 원하는 다양한 스타일과 니즈를 빠르게 캐치하고, 맞춤형 상품을 추천할 수 있다.

5. 트렌디한 감각을 기르기 위해서는 FASHION NET, WGSN, BoF, VOGUE, HIGHSNOBIETY, REFINERY29 등의 패션 정보 플랫폼과 소셜 미디어를 활용할 수 있다. 샵매니저는 이렇게 습득한 트렌디한 감각을 매장 운영에 접목해 인사이트를 도출해야 한다.

6. 마켓 센싱은 시장 변화와 기회를 파악하고 경쟁자의 움직임을 이해하는 데 중요한 역할을 하며, 기업의 경쟁 우위를 유지하고 발전시키는 데 필수적이다.

분석의 정석 3C

우리나라 브랜드 매장의 경우에는 브랜드가 추구하는 아이덴티티가 있어서 트렌드가 모든 상품에 반영되어 있지는 않다. 하지만 다양한 관점에서 트렌드를 분석할 수 있어야 한다. 3C 분석이라는 것을 많이 들어봤을 것이다.

마케팅 관점에서 3C는 'Customer, Competitor, Company'의 약자로 고객, 경쟁자, 기업을 의미한다. 기업 또는 브랜드 매장에서 마케팅 전략을 수립할 때 고려해야 하는 핵심 요소들이다. 쉽게 말해 외부 환경에 대한 분석을 통해 자원과 능력을 파악하고, 경쟁력을 확보하기 위한 전략을 수립하는 데 도움을 줄 수 있다. 특히 강점, 약점, 기회, 그리고 위협을 파악하는 것에서 시작한다. 3C 요소들을 활용한 분석방법을 알고 적용해보길 바란다.

첫 번째는 제품이나 서비스를 소비하는 고객(Customer)들을 파악한다. 고객이 중요하게 여기는 가치를 이해하고, 이를 충족시킬 전략을 세워야 한다. 우리 제품의 가격, 서비스, 품질, 브랜드 이미지 등을 고객 입장에서 객관적으로 분석해야 한다. 이를 통해 우리의 경쟁력을 높일 수 있다.

고객을 잘 파악하기 위한 가장 좋은 방법은 고객과 대화하는 횟수와 시간을 늘리는 것이다.

고객과 대화하는 방법은 다양하게 접근할 수 있다. 고객이 매장으로 입점하도록 우리 공간에 신선함과 새로움을 느낄 수 있도록 디스플레이 해야 한다. 고객이 매장 공간과 제품을 자유롭게 이용할 수 있게 입점을 유도한 후에는 직원의 역할이 중요하다.

고객이 필요로 할 때 고객 입장에서 불편하지 않을 정도로 제품에 대한 적절한 설명과 정보를 제공하고 대화를 이어가야 한다. 고객의 질문에 답변하고 설명하는 과정에서 자연스럽게 고객의 생각과 니즈를 파악할 수 있다.

두 번째는 경쟁사(Competitor)들의 제품, 서비스, 가격, 판매 및 마케팅 전략 등을 분석한다.

경쟁사의 강점과 약점, 차이점을 파악해 자사가 경쟁력을 확보할 방안을 다각도에서 모색하고 개선점을 찾아야 한다. 또한, 우리 매장의 제품이나 프로모션이 주변 다른 매장과 어떤 차별점이 있는지 인지하고, 고객 응대 시 이를 비교 제안하는 것이 당연한 역할이다.

세 번째는 내부 자원과 능력을 분석해 자사의 강점과 약점을 파악해야 한다. 자사가 보유한 능력과 리소스를 최대한 활용할 수 있는 전략을 수립해야 한다. 이러한 분석을 통해 매장은 수많은 경쟁사 속에서 자신의 위치를 객관적으로 인식할 수 있다. 또한, 강점은 더욱 강화하고 약점은 보완해 효과적인 비즈니스 전략을 세울 수 있다. 가능하다면 고객 만족도 조사를 실시해 자사의 제품, 서비스, 고객 서비스 등을 평가하고, 개선이 필요한 부분을 파악하는 것도 중요하다.

여기서 잠깐 TIP. SWOT 분석 Tool 활용 추천

강점(Strength), 약점(Weakness), 기회요인(Opportunity), 위협요인(Threat)의 약자로, 경쟁사의 강점, 약점, 기회, 위협을 파악한다. 경쟁사의 강점과 약점, 그리고 외부 환경에서 제공되는 기회와 위협을 종합적으로 분석하도록 한다.

SWOT 분석 예시 1(가두점)

Strength (강점)	① 백화점 대비 다양한 프로모션 ② 전 브랜드 입점으로 다양한 구색 ③ 층별 Concept로 쇼핑이 편함 ④ 계열사 및 제휴사 F.C 행사 ⑤ 무료 Valet 서비스 및 주차장 이용 가능 ⑥ 고객의 인식률 및 재방문율이 높음(고정고객화 확률 상승)
Weakness (약점)	① 일반 고객들의 인지가 적음 ② 접근성이 다른 백화점이나 유통채널에 비해 어려움(자차 이용 필수 및 지하철 도보 10분) ③ 해당 브랜드 외의 브랜드를 볼 수 없음 ④ 백화점이나 쇼핑센터처럼 멀티플렉스 시설이 부족해 입점이 어려움
Opportunity (기회요인)	① 갤러리아 백화점 / 현대 백화점 고객의 입점 ② 새로운 브랜드의 입점 ③ 다양한 POP UP 행사와 리뉴얼을 통한 매장 분위기 변경 ④ 코로나로 인한 언택트 활성화

| Threat
(위협요인) | ① 전통적인 오프라인 채널의 성장 둔화
② 새로운 형태의 소비채널 LF MALL STORE(옴니채널) 등장 |

SWOT 분석 예시 2(백화점)

| Strength
(강점) | ① 구성원들의 책임감이 높음. 고객 데이터 기반의 영업으로
체계적 영업 환경 조성
② 각 FA별 TM 가능고객 10명 이상 보유(지속적 고객 관리로
고정고객 확보)
③ 남성 클래식 복종으로 연령불문 판매 가능
④ 매장 물량등급이 높아 상품 스타일이 다양함
⑤ 남성복 카페, 인스타그램 등 온라인마케팅 채널 보유 |

| Weakness
(약점) | ① 경쟁사 브랜드의 높은 할인율로 인한 가격저항
② 매장 내 행거 개수 부족으로 DP 노출이 적음
③ 본사 VMD 연출과 매장 호조 상품의 괴리감 |

| Opportunity
(기회요인) | ① 온라인몰 운영으로 비대면 서비스 확대 가능
② 버스터미널에 근접해 유동인구가 많음
③ 강남상권으로 객단가가 높음
④ 강남 특성상 전문직 종사자가 많아 정장 수요가 높음
⑤ 익월 경쟁사 점장 교체로 이탈고객 흡수할 수 있는 가능성
있음 |

| Threat
(위협요인) | ① 고객 주차공간 부족
② 경쟁 브랜드 신규입점으로 신규고객 분산
③ 백화점 주변 도로의 복잡함
④ 근처 아울렛이 있어 고객 분산 가능성 큼
⑤ 월말까지 백화점 1층 공사 및 버스터미널 MD 공사 진행 |

CHAPTER 5. 샵매니저의 현명한 마케팅 전략_마켓 센싱과 매장 운영

샵매니저가 반드시 알아야 할 핵심 포인트

1. 3C 분석은 고객(Customer), 경쟁사(Competitor), 자사(Company)를 분석하는 방법이다.

2. 고객이 중요하게 여기는 가치를 이해하고, 제품의 가격, 서비스, 품질, 브랜드 이미지 등을 고객 입장에서 객관적으로 분석해야 한다.

3. 경쟁사의 제품, 서비스, 가격, 판매 및 마케팅 전략 등을 분석해 자사의 경쟁력을 확보할 수 있는 방안을 모색해야 한다.

4. 내부 자원과 능력을 분석해 자사의 강점과 약점을 파악하고, 이를 활용할 수 있는 전략을 수립해야 한다.

5. 3C 분석을 통해 매장은 자신의 위치를 객관적으로 인식하고, 효과적인 비즈니스 전략을 세울 수 있다. 고객 만족도 조사를 실시해 개선이 필요한 부분을 파악하는 것도 중요하다.

6. SWOT 분석을 통해 가두점과 백화점의 강점, 약점, 기회요인, 위협요인을 파악할 수 있다. 이를 바탕으로 우리 샵의 SWOT 분석을 해보는 것이 필요하다.

〈실습〉 우리 샵의 SWOT 분석을 해보자!

Strength (강점)	
Weakness (약점)	
Opportunity (기회요인)	
Threat (위협요인)	

CHAPTER 5. 샵매니저의 현명한 마케팅 전략_마켓 센싱과 매장 운영

마켓 센싱

마켓 센싱이란 변화하는 환경에 관심을 가지고, 주변 유통환경을 경험하는 것을 말한다. 오프라인 매장 직원이라면 '아는 만큼 보인다'라는 말을 공감할 것이다.

고객이 어떤 스타일의 옷을 많이 입고 다니는가?
경쟁사가 어떤 시즌 상품을 전략화하고 있는가?
그래서 우리 매장은 어떤 차별화 포인트를 가져야 하는가?

내가 얼마만큼 고민하고 궁금증을 품고 있는가를 스스로에게 질문해보길 바란다.

이러한 궁금증이 생기지 않고, 내 매장 안에만 머무르게 되는 순간, 도태되기 시작하는 것은 시간 문제다. 매일 내 매장만 보고 있으면 우물 안 개구리가 될 수밖에 없다. 끊임없이 고객의 움직임을 읽고, 옆 매장과 비교하면서 시장의 흐름을 읽어야 한다.

무엇보다 최근 몇 년 동안은 패션 리테일 매장뿐만 아니라 온·오프라인 시장 전체가 정신없이 변화했다. 최근 몇 년간의 리테일 트렌드 변화 키워드는 4차 산업혁명의 반영이었고, 코로나 팬데믹 이후 그 속도는 더 빨라졌으며, 이제는 온·오프라인을 넘나드는 쇼핑 트렌드가 자연스러워진 상태다.

생각보다 기업들은 고객의 소비형태 변화에 기민하게 반응했고, 옴니채널형 매장이나 버추얼 공간을 활용한 증강현실 체험 서비스를 제공하는 매장에 점점 확대되고 있다. 이렇게 나날이 다양한 형태로 진화하면서 점점 고도화되어가고 있다. 매장이라는 공간이 단순히 구매와 판매로만 이루어지는 게 아니라 고객 경험을 향상시키기 위해 인공지능을 활용하거나 디지털 기술을 이용한 매장들이 늘어가고 있다.

증강현실 체험 서비스를 통해 의류를 구매하는 고객의 모습

출처 : 발란

그러면 샵매니저는 이 변화에 어떻게 적응할 수 있을까? 변화에 민첩하게 대응하기 위한 가장 쉬운 접근 방법은 새로운 트렌드를 직접 보고, 경험해보는 것이다. 현대의 트렌드를 실제로 눈으로 보고 경험함으로써 더 정확하고 신뢰할 수 있는 정보를 얻을 수 있다. 요즘 가장 핫하다고 이야기하는 장소뿐만 아니라 관련된 업종의 이벤트나 행사에 참가해 새로운 제품, 서비스, 기술을 직접 경험해보길 추천한다. 분명 이를 통해 인사이트를 얻을 것이다.

내가 고객 입장이 되어 체험하고 테스트해봐야 이 경험을 통해 제품의 장단점을 파악하고, 고객들의 마음을 더 잘 이해할 수가 있다. 마켓 센싱은 트렌드와 시장의 흐름을 읽는 것 이상으로, 고객의 마음을 읽는다는 것에 더 의미를 두고 이해해야 한다.

솔직하게 말하면, 샵매니저도 고객이 되어 많이 돌아다니면서 발품을 많이 파는 것이 가장 큰 학습이라고 장담한다. 백문이불여일견(백 번 듣는 것보다 한 번 보는 것이 낫다)이라는 말이 경험의 중요성을 의미한다는 것은 다들 아실 것이다. 요즘은 백문이불여일용(백 번 듣는 것보다 한 번 써보는 게 낫다)이라고도 많이 쓰인다니 강조하지 않을 수가 없다.

매장 운영을 하고 계시거나 준비하시는 분들은 이 시장에서 도태되지 않고 세일즈 전문가로서 성장하기 위해서는 누가 가르쳐주지 않더라도 스스로 변화를 찾아보는 노력을 꼭 하시길 바란다.

샵매니저가 반드시 알아야 할 핵심 포인트

1. 마켓 센싱이란 변화하는 환경에 관심을 가지고, 주변 유통환경을 경험하는 것을 말한다. 오프라인 매장 직원은 고객의 스타일, 경쟁사의 전략, 매장의 차별화 포인트 등에 대해 끊임없이 궁금증을 가지고 시장의 흐름을 읽어야 한다.

2. 최근 몇 년 동안 패션 리테일 매장과 온·오프라인 시장 전체가 급격하게 변화했으며, 코로나 팬데믹 이후 그 속도는 더욱 빨라졌다. 기업들은 고객의 소비형태 변화에 민첩하게 대응해 옴니채널형 매장이나 증강현실 체험 서비스를 제공하는 매장을 확대하고 있다.

3. 변화에 대응하기 위한 가장 쉬운 방법은 새로운 트렌드를 직접 보고 경험해보는 것이다. 관련 업종의 이벤트나 행사에 참가해 새로운 제품, 서비스, 기술을 직접 경험하면 인사이트를 얻을 수 있다.

4. 마켓 센싱은 트렌드와 시장의 흐름을 읽는 것 이상으로 고객의 마음을 읽는 것에 의미를 두어야 한다. 백문이불여일견과 백문이불여일용이라는 말처럼, 직접 경험하는 것이 가장 큰 학습이 된다. 매장 운영자나 준비자는 세일즈 전문가로 성장하기 위해 스스로 변화를 찾아보는 노력을 해야 한다.

Story _____ 4

VMD와
물량 관리

고객들의 감정을 자극하고 제품에 관한 관심을 유도하는 가장 효과적인 방법은 VMD라고 할 수 있다.

매장의 시각적 마케팅 역할을 하는 VMD는 매장 레이아웃, 조명, 제품 배치, 색상, 디자인 등 전체적인 시각적인 요소와 분위기를 최적화해 고객 입점률을 높이고, 머무르는 시간을 늘려 매출을 올리는 데 중요한 역할을 한다.

조명이 멋진 매장 내부의 사진

출처 : LF mall Store

똑똑한 샵매니저는 이렇게 일합니다

다시 말해, 매장의 브랜드 가치를 강화하고, 고객 경험을 증진시키는 것에 중요한 전략적인 요소다. 고객들의 구매 결정은 시각적 인상에 크게 영향을 받는다. VMD는 고객들의 감정을 자극하고, 제품에 대한 긍정적인 인식을 조성해 구매로 이어질 수 있도록 도움을 준다. 시각적으로 매력적인 매장은 고객들에게 좋은 쇼핑 경험을 제공해 그 감정을 토대로 재방문을 유도할 수 있다.

비주얼의 힘이 그 어느 때보다 더 중요하다고 생각할 것이다. VMD는 고객의 눈길을 끌고, 호기심을 자극하는 것에 중요한 역할을 한다. 제품이나 브랜드가 고객들에게 눈에 잘 띄고 기억에 남는다면, 경쟁 환경에서 우위를 유지할 수 있다.

1. VMD는 왜 중요할까?

① 브랜드 메시지 전달 : 매장 내부의 디자인과 시각적 요소들은 브랜드의 아이덴티티를 전달한다. 브랜드의 정체성을 로고, 색상, 디자인을 활용해 강조할 수 있다.

② 고객 유치와 눈길 사로잡기 : 잘 디자인된 윈도우 디스플레이와 매장 내 제품 배치는 고객의 호기심을 자극하고, 눈길을 끌어 매장으로의 입점 확률을 높인다.

③ 제품 진열과 판매 유도 : 상품을 시각적으로 끌리도록 진열해 고객들이 쉽게 찾고 선택할 수 있도록 한다. 그렇게 상품 정보를 전달해 구매욕구를 자극한다.

④ 매출향상 : 잘 구성된 VMD는 고객들이 머무르는 시간을 늘리고, 구매로 이어질 수 있는 매출을 증진시킨다. 고객들의 관심을 끄는 시각

적 요소들은 매출에 긍정적인 영향을 미친다.

⑤ 고객 경험 향상 : 궁극적으로 VMD는 고객들의 쇼핑 경험을 개선하기 위함이다. 매장 내 시각적인 분위기와 레이아웃은 고객들의 편의성을 높이고, 특별하며, 완벽한 경험을 제공하는 것에 도움을 준다.

이는 매장의 브랜드 가치를 높이고, 매장의 매력을 강화해 고객들의 구매 의사 결정에 영향을 미치는 중요한 전략적 요소라고 할 수 있다.

브랜드마다 차이는 있겠지만, 대부분의 브랜드에서는 일정 주기로 VMD가 직접 매장으로 와서 상품을 연출해준다. 다만, VMD 인력에 비해 방문해야 하는 매장 수가 많거나, 시기상 급하게 연출 변화가 필요한 경우가 있는데, 이렇게 매장을 방문해 연출을 못하는 경우에는 상품 진열 가이드북이나 디스플레이 지침서를 매장에 제공할 수 있다. 이를 통해 매장 직원들은 해당 내용을 고려해 진열을 진행하게 된다.

여기서 꼭 알려주고 싶은 내용이 있다. 브랜드 VMD가 제공하는 진열 가이드에 맞춰 매장을 연출하고, 입점하고 싶은 매장으로 관리를 하는 것은 기본적인 부분이다. 하지만 우리는 한 단계 더 나아가 생각할 필요가 있다. 진열 가이드는 브랜드 전략을 바탕으로 설계되어 있으며, 일관된 고객 경험 제공을 위한 기준이 있기 때문에, 해당 매장 상권의 특성이 하나하나 반영되어 있지 않다는 것이다.

그러므로 매장 직원들은 본인 매장의 차별화된 VMD 포인트를 알고 있어야 한다. 즉, 판매 데이터를 바탕으로 주간별 착장을 고민하며, 매장 내 조닝별 PP, IP 연출을 관리할 수 있어야 한다(브랜드 VMD와의 사전 협의 및 허용범위 내에서 진행해야 하므로, VMD와의 소통 및 논의가 아주 중요하다).

입구에 연출된 매력적인 상품을 보고 매장에 들어왔지만, 막상 공간에 들어갈수록 상품 구성에 대한 불편함과 시선을 끌 만한 요소가 없다면, 고객은 지루한 공간으로 판단하고 금방 매장을 나서게 된다. 물론 상품 연출의 문제가 아니라 직원의 태도, 제품의 품질 및 가격이 만족스럽지 않을 수도 있다. 하지만 공간의 분위기가 결정적인 요소가 되어 고객의 발길을 돌리게 한다는 것을 기억해야 한다. VMD는 AIDMA 이론을 접목하면, 매장에서의 상품 연출 및 마케팅 전략을 더욱 효과적으로 설계하고 실행할 수 있다.

AIDMA 이론은 마케팅에서 사용되는 구매 심리 이론 중 하나로, 소비자의 구매 결정 과정을 담고 있다. AIDMA는 다섯 단계로 구성되어 있으며, 소비자가 상품을 발견해 최종적으로 구매하는 과정을 나타낸다.

각 단계는 다음과 같은 의미가 있다.

2. AIDMA 이론

① Attention(주의) : 주의 단계에서는 고객의 주의를 끌기 위해 눈에 띄는 디자인, 캐치프레이즈, 컨텐츠 등을 활용해 광고, 프로모션, 포스팅 등을 통해 제품이나 브랜드를 소개하고 고객의 관심을 유도한다.

② Interest(관심) : 관심 단계에서는 고객이 제품이나 브랜드에 대해 더 깊이 알고자 하는 욕구를 느낀다. 매장 직원은 고객의 호기심을 자극하

고 제품의 특장점, 이점 등에 대해 설명해 관심을 유발한다. 특히 브랜드 특징을 전달하고 소비자의 관심을 확보하는 것이 중요하다.

③ Desire(욕망) : 욕망 단계에서는 소비자가 제품이나 브랜드에 대한 강한 욕망을 느낀다. 직원은 제품의 가치를 강조하고, 고객의 욕구와 필요성에 부합하는 이점을 강조해 욕망을 유도한다. 이 단계에서는 고객에게 제품에 대한 감정적인 공감을 형성하는 것이 중요하다.

④ Memory(기억) : 기억 단계에서는 소비자가 어떤 제품을 사려고 할 때, 기억에 있던 제품이나 서비스에 대한 정보를 기반으로 구매를 한다는 것이다. 특히 광고 메시지나 브랜드의 인상을 강하게 남겨 기억하게 하는 것이 중요하다. 그리고 당장 구매로 이어지지 않았다고 해서 잠재고객 리스트에서 제외하면 안 된다. 이 단계에서는 소비자와의 접촉 횟수를 높여 제품 및 서비스에 대한 호감도를 높이는 것이 가장 중요하다.

⑤ Action(행동) : 행동 단계에서는 고객이 최종적으로 제품을 구매하는 단계다. 직원은 구매 결정을 유도하고, 결제 프로세스를 간소화해 구매에 다다를 수 있도록 돕는다. 이 단계에서는 구매 유도 메시지, 제품의 가치, 결제 옵션을 제공해 구매 행동을 촉진한다.

AIDMA 이론은 고객의 구매 결정 과정을 이해하고, 각 단계에서의 판매 전략을 수립해 매출로 이어질 수 있도록 도움을 줄 수 있다.

오프라인 매장의 역할은 온라인상에서 채워지지 않는 고객의 니즈를 채울 수 있도록 공간의 가치, 경험의 과정을 제공하는 것이다. 고객의 마음을 읽고 구매 여정을 연출한 공간이 바로 내가 근무하는 매장이길 바란다. 필요하다면 VMD 감각 및 스킬 강화를 위한 교육을 활용해 진열에 필요한 기술과 지식 습득을 통해 더 자신감 있는 진열을 할 수 있도록 다양한 노력이 필요하다.

마지막으로 매장 연출을 잘하기 위해서는 무엇보다 상품에 대한 확보, 구성에 대한 전략이 우선시되어야 한다는 것을 기억해주길 바란다. 요즘에는 판매 효율화를 위해 브랜드 자체적으로 생산 물량 비중을 높게 가져갈 수가 없는 상황이다. 그러므로 매장에서는 제품 물량을 확보하는 것이 중요하면서도 어려운 업무일 것이다.

매장의 상품 구성률은 보통 기본상품이라고 하는 판매 기간이 긴 베이직한 상품군을 전체 물량의 55%, 시즌 컨셉을 보여주는 전략상품 30%, 새롭게 보여지는 트렌디한 제안상품을 15%로 구성하는 것이 가장 이상적이라고 할 수 있다.

매장의 상품 구성률

55%	30%	15%
판매 기간이 긴 베이직한 상품군	시즌 컨셉을 보여주는 전략상품	트렌디한 제안상품

현실적으로 매장에서 늘 메신저나 전화로 타 매장에서 물량을 구하는 것이 무엇보다 제일 곤혹스러운 일이다. 하지만 전략적으로 타 매장과 비교해 우리 매장에 필요한 또는 판매 성공률이 높은 물량을 최대한 확보한다면, 좀 더 매출이익을 낼 수 있을 것이다.

내가 근무하는 매장 환경이 고객의 입장에서 들어가고 싶은 매장으로 쾌적하고 깔끔하게 정리, 정돈, 청결 관리가 되어 있는지, VMD 담당자와의 지속적인 커뮤니케이션을 잘하고 있는지 살펴보자. 또한, 감각적인 연출을 위한 트렌드 및 코디네이션 공부를 게을리하고 있지 않은지, 전략적인 물량 확보를 잘하고 있는지 등 매장을 잘 운영하고자 한다면, 지금까지 설명했던 내용들은 샵매니저로서 기본적으로 갖춰야 할 DNA 요소임을 꼭 기억하길 바란다.

**고객에게 이색적인 공간을 통해
새로운 볼거리를 제공하는 젠틀몬스터 젤리 팝업**

출처 : 젠틀몬스터 하우스 도산점

[24SS] Inspired by MOONRISE KINGDOM
웨스 앤더슨 감독의 미국 로맨틱 코미디 영화 '문라이즈 킹덤'에서
영감을 받은 스프링 에디션으로 스카우트 느낌의 모험 같은 느낌 연출

출처 : Space H 명동점

샵매니저가 반드시 알아야 할 핵심 포인트

1. VMD는 고객의 감정을 자극하고, 제품에 관한 관심을 유도하는 가장 효과적인 방법이다. 또한 매장의 시각적인 요소와 분위기를 최적화해 고객 입점률을 높이고, 매출을 올리는 데 중요한 역할을 한다.

2. VMD는 브랜드 메시지를 전달하고, 고객을 유치하며, 제품 진열과 판매를 유도한다. 또한, 매출향상과 고객 경험 개선에도 기여한다.

3. 브랜드에서는 VMD 인력이 직접 매장을 방문해 상품을 연출하거나, 진열 가이드북이나 디스플레이 지침서를 제공하기도 한다. 하지만 매장 직원들은 본인 매장의 차별화된 VMD 포인트를 알고 있어야 한다. 판매 데이터를 바탕으로 착장을 고민하고, 조닝별 PP(Point of Presentation)와 IP(Item Presentation) 연출을 관리해야 한다.

4. VMD는 AIDMA 이론을 접목해 더욱 효과적으로 설계하고 실행할 수 있다. 공간의 분위기가 고객의 발길을 돌리게 하는 결정적인 요소가 될 수 있음을 기억해야 한다.

5. AIDMA 이론은 마케팅에서 사용되는 구매 심리 이론 중 하나로, 소비자의 구매 결정 과정을 네 단계로 나누어 설명한다.

   ① Attention(주의) : 눈에 띄는 디자인, 캐치프레이즈, 컨텐츠 등을 활용해 고객의 주의를 끈다.
   ② Interest(관심) : 고객의 호기심을 자극하고 제품의 특징과 장점을 설명해 관심을 유발한다.
   ③ Desire(욕망) : 제품의 가치를 강조하고 고객의 욕구와 필요성에 부합하는 이점을 강조해 욕망을 유도한다.
   ④ Memory(기억) : 광고 메시지나 브랜드의 인상을 강하게 남겨

기억하게 한다.

⑤ Action(행동) : 구매 결정을 유도하고 결제 프로세스를 간소화해 구매 행동을 촉진한다.

AIDMA 이론은 각 단계에서의 판매 전략을 수립해 매출로 이어질 수 있도록 도움을 준다.

6. 오프라인 매장은 온라인에서 채워지지 않는 고객의 니즈를 충족시키기 위해 공간의 가치와 경험을 제공해야 한다. 이를 위해 VMD 감각 및 스킬 강화를 위한 교육을 통해 진열 기술과 지식을 습득하는 것이 필요하다.

7. 매장 연출을 잘하기 위해서는 상품 확보와 구성에 대한 전략이 우선시되어야 한다. 이상적인 상품 구성률은 기본상품 55%, 전략상품 30%, 제안상품 15%다.

8. 샵매니저는 매장 환경 관리, VMD 담당자와의 커뮤니케이션, 트렌드 및 코디네이션 공부, 전략적 물량확보 등을 통해 매장을 잘 운영할 수 있는 기본적인 DNA 요소를 갖춰야 한다.

손익관점의
매장 운영

오프라인 매장 운영을 통한 수익창출이 쉽지 않다는 것을 너무나 잘 알지만, 기업과 브랜드들이 오프라인 매장을 오픈하는 이유는 여러 가지가 있다. 오프라인 매장은 고객과의 직접적인 상호작용을 중시하는 비즈니스 모델이다. 매장을 오픈하는 것은 많은 잠재적인 이점과 함께 여러 가지 고려 사항이 있어 적절한 계획과 실행을 통해 매장을 꾸준히 분석하는 것이 중요하다. 매장을 오픈하기 전과 오픈한 후의 관점에서 살펴보자.

매장 오픈 전 기본적으로 체크해야 하는 점은 시장 조사와 수요 예측에 대한 부분이다. 신규매장 오픈의 경우, 해당 지역의 시장 조사를 통해 고객 수요를 예측하고, 매장의 위치와 규모를 결정한다. 기존의 매장을 인수받는 경우는 전년 매출 대비 올해의 매출전망을 예측하고, 평균 객단가와 판매량을 고려해 사업계획을 세울 수 있다.

매장의 운영비는 크게 고정비와 변동비로 구분할 수 있다. 고정비와 변동비는 중요한 개념이다. 이 개념을 이해하고 적절히 관리함으로써 매장의 이익을 최적화할 수 있다.

시장 조사와 수요 예측을 위한 사업계획서 작성 예시

브랜드 특성

브랜드 컨셉	20대부터 30대까지 현대 남성들의 패션 & 라이프를 위한 비즈니스 캐주얼의 아이템을 현대 감성으로 해석하며, 부담되지 않은 합리적인 가격으로 제안할 수 있다.
주요 고객층	20대부터 많게는 40대 중반까지 자신만의 개성을 살린 라이프 스타일을 추구하는 고객분들이야말로 주요 고객층이라고 할 수 있다.
영업 방향	트렌드에 민감한 20~30대에게는 현재 스타일을 고려하며 앞으로 다가올 트렌디 코디와 스타일을 제시해줄 것이며, 40대 이상에게는 현재의 스타일을 이해하고 더 응용할 수 있도록 맞춤형 코디를 제시할 것이다.
경쟁사 차별 포인트	타 브랜드에서는 흔하지 않은 정장 상의 사이즈 97, 103, 또 힙과 골반 그리고 허벅지는 여유가 있고 밑 통은 좁아지는 슬렌더핏은 현대 남성들의 체형, 즉 직장인의 체형을 잘 반영한 아주 획기적인 포인트라고 할 수 있다.
대표 품목	핸드메이드 오버핏코트, 폭스퍼 롱패딩 점퍼, 슬렌더핏 캐주얼 바지

SWOT 분석

Strength (강점)	1. 고객의 니즈에 맞게 모던한 디자인, 트렌디한 디자인이 다양함 2. 큰 기업에서 전개하는 브랜드라서 고객들이 믿고 구매할 수 있음 3. 메인 동선에 위치해 유동인구가 많음
Weakness (약점)	1. 점 특성상 타 지역 고객들보다 지역권 고객들이 많아 경쟁사의 단골고객들이 많음 2. 모던한 디자인들은 매 시즌 변화가 없음 3. 온라인몰과 가격 차이가 발생해 가격에 예민한 젊은 고객층에게 판매가 어려움
Opportunity (기회요인)	1. 주변 상권에 주요 고객층이 근무하는 IT 회사들이 많고 주택단지도 많음 2. 지하철 연결통로 오픈 예정 3. 지하 식품권이 넓고 유명해서 지하 1층, 유동 고객들이 많음
Threat (위협요인)	1. 차로 20분 거리 내에 대형백화점이 있음 2. 주말, 공휴일 등 고객들이 집중될 때 백화점 앞 도로부터 정체되고, 주차장이 혼잡해 입점이 어려움

[AA백화점 OO점] 사업계획서

1. 매출현황
[단위: 백만원.Vat 포함]

구분	누계	사업계획	천년	당년	매출		MS(점유율)	
					달성율	신장율	누계	당월
1월	72	79	77	72	91%	-6%	8.1%	8.1%
2월	121	59	42	48	82%	13%	10%	11.9%
3월	182	66	53	60	91%	13%	10.4%	11.3%
4월	248	77	76	66	85%	-13%	11.2%	13.4%
5월	321	71	71	76	101%	2%	11.8%	14.1%
6월	393	56	57	71	127%	24%	12.6%	16.5%
7월	465	52	50	72	138%	43%	13.1%	16.1%
8월	502	45	26	37	82%	40%	12.7%	10.2%
9월	546	59	45	43	73%	-3%	12.3%	8.7%
10월	615	93	56	69	73%	22%	12.2%	11.2%

3. 상품분석
* 품목별 재고현황
[단위: 재고수량]

대표품목	매장 판매율	입고현황		반동현황		판매	잔재고
		창고입고	이동입고	창고반동	이동반동		
점퍼 (JU)	41%	203	22	9	17	82	116
자켓 (JA)	8%	40	12	1	5	20	26
코트 (CO)	14%	163	12	28	18	27	100
니트 (SW)	17%	335	47	11	43	84	242
바지 (PA)	9%	220	47	15	45	75	128
셔츠 (SH)	3%	58	13	3	19	11	38
티셔츠 (TS)	2%	41	20	5	10	12	34

2. 고객현황
[단위: 천원.Vat 포함]

구분	최원매출 구성비(안식물)	신규가입 수	신규구매 수	재구매 수	객단가
1월	97%	12	10	22	1,018
2월	99%	9	8	20	960
3월	100%	17	17	26	819
4월	100%	8	7	37	717
5월	100%	20	20	27	523
6월	100%	13	13	28	780
7월	100%	11	10	26	744
8월	100%	3	3	12	754
9월	100%	5	5	10	914
10월	100%	7	6	13	1,204

* 호/부진 상품 분석
[단위: 백만원.Vat포함]

호전상품	판매율	매출	호전사유
JU8D203	25%	15	신규회원 7%추가 할인 프로모션으로 인한 매출 호조
JU8D209	70%	10	10월 갑자기 추워지는 날씨로 인한 다운 판매율 상승
JU8D501	33%	7	트렌디한 디자인의 가죽제품 20% 할인 프로모션 후 판매호조

부진상품	판매율	매출	부진사유
SH8D108	0%	0	아우터.이너 겸용으로 입을수 있는 셔츠이나 이너로 입기에 컬러 조합이 화려하여 코디가 힘듦
SH8D101	0%	0	기본 옥스퍼드 셔츠형 디자인 원단 퀄리티가 좋지 못함
CO8D203	0%	0	헤링본 패턴으로 짜여진 코트라 이번 시즌 트렌드인 체크패턴 코트에 밀림

출처 : 아이템 스카우트

고정비는 매장의 매출이 증가하거나 감소해도 변하지 않는 비용이다. 예를 들어 임대료, 보험료, 직원의 급여 등이 고정비에 해당한다. 일반적으로 가두점의 경우는 임대료가 가장 큰 고정비 항목일 수 있고, 그다음으로는 직원의 급여일 것이다. 백화점의 경우는 판매수수료가 임대료를 대신한다고 보면 된다. 고정비는 매장의 안정적인 운영을 위해 반드시 지출되어야 하는 비용이지만, 매장 손익에 직접적으로 영향을 주지 않는다는 점에서 중요한 개념으로 볼 수 있다.

변동비는 매장의 판매량, 즉 매출과 직접적으로 관련된 비용을 의미한다. 매출에 따라 변하는 비용이기에 매출이 증가하면 변동비도 증가하고, 매출이 감소하면 변동비도 감소한다. 예를 들어 운송비, 택배비, 수선비, 소모품비 등이 변동비에 해당한다.

매장의 소모품은 다양하다. 매장 내부의 서류 작업을 수행하는 데 필요한 사무용품도 소모품에 해당되며 프린터기, 종이, 볼펜, 노트, 파일 등이 있다. 그리고 기본적으로 매장 내부의 청결 및 위생을 유지하기 위한 소모품으로는 물걸레, 청소용 액체, 걸레, 분무기 등 청소용품이 여기에 해당한다. 제품 판매 시 제품을 포장하는 데 필요한 포장재도 소모품에 해당한다. 종이백, 비닐봉투, 포장용 테이프, 리본 등이 있다. 그리고 매장의 이벤트나 프로모션을 진행하기 위해 사용되는 디스플레이 용품 및 샘플제품, 포스터, 쿠폰, 브로셔도 소모품에 포함될 수 있다. 이런 비용들은 매장의 운영을 원활하게 하고 고객 서비스 품질을 유지하는 데 중요한 역할을 해서 효과적으로 사용하면서 관리하는 것이 운영의 핵심이다.

예를 들면 소모품을 구매할 때는 가격과 품질을 고려해 최상의 비용 대비 효율성을 추구해야 한다. 할인 행사나 대량 구매 등을 통해 비용을 절감할 수 있는 방법을 찾는 것이 중요하다. 또한, 소모품의 사용량을 지속적으로 모니터링하면서 낭비를 방지하고, 필요한 곳에 우선적으로 사용할 수 있도록 관리해야 한다.

특히 종이나 청소용품 등의 소모품은 과다하게 사용되지 않도록 주의한다. 낭비를 줄이기 위한 절약 루틴 또는 가이드라인을 직원들과 공유하면 좋을 것이다. 종이 사용량을 줄이기 위해 양면 인쇄를 하거나, 재사용 가능한 박스 또는 포장용품을 모아 두었다가 활용할 수 있도록 가이드를 주는 것이 필요하다.

소모품

매장 소모품 _ 사무용품

노트북

프린터

문구류

매장 소모품 _ 제품 판매 시 필요 소모품

리본끈

포장용품

폴리백

스티커

종이백

테이프

매장 소모품 _ 청결 및 위생용품

손소독제

롤크리너

청소용품

비용을 관리하는 사람만 절약하는 것이 아니라 함께 근무하는 직원들 모두가 공유하고, 공감하는 것이 무엇보다 중요하다. 직원 모두가 소모품을 효과적으로 사용하며 관리하는 방법을 알고 공유하면, 비용도 절감할 뿐 아니라 효율성도 높일 수 있다. 이같이 변동비는 매장의 매출에 따라 직접적인 영향을 받기 때문에 매장의 수익과 직결되는 중요한 요소다.

매장을 운영하는 사람이라면 손익 관리에 있어 고정비와 변동비를 구분해 개념을 정확히 이해하고, 꼼꼼하게 효과적으로 관리함으로써 매장 운영 비용을 최적화할 수 있을 것이다.

고정비	VS	변동비
임대료, 보험료, 직원의 급여 등		운송비, 택배비, 수선비, 소모품비 등

샵매니저가 반드시 알아야 할 핵심 포인트

1. 오프라인 매장 운영을 통한 수익창출은 쉽지 않지만, 기업과 브랜드들은 고객과의 직접적인 상호작용을 중시하는 비즈니스 모델로 매장을 오픈한다. 적절한 계획과 실행을 통해 매장을 꾸준히 분석하는 것이 중요하다.

2. 매장 오픈 전에는 시장 조사와 수요 예측을 통해 매장의 위치와 규모를 결정하고, 매출전망과 객단가, 판매량을 고려해 사업계획을 세워야 한다.

3. 매장의 운영비는 고정비와 변동비로 구분된다. 고정비는 매출과 관계없이 일정하게 지출되는 비용으로 임대료, 보험료, 직원 급여 등이 해당한다. 변동비는 매출에 따라 변하는 비용으로 운송비, 택배비, 수선비, 소모품비 등이 포함된다.

4. 소모품은 사무용품, 청소용품, 포장재, 디스플레이 용품 등 다양하며, 효과적으로 사용하고 관리하는 것이 운영의 핵심이다. 가격과 품질을 고려해 비용 대비 효율성을 추구하고, 사용량을 모니터링해 낭비를 방지해야 한다.

5. 직원들과 소모품 절약에 대한 가이드라인을 공유하고, 함께 실천하는 것이 중요하다. 고정비와 변동비를 구분해 이해하고, 효과적으로 관리함으로써 매장 운영 비용을 최적화할 수 있다.

SMART SHOP MANAGER

CHAPTER

6

"좋은 리더는 다른 이들이 자신의 최대 능력을
발휘할 수 있도록 이끌어 준다."

– 존 퀸시 애덤스

샵매니저의 인재 육성 전략_
다양한 사람들과 함께 일하는 법

인재 채용과 육성

오프라인 매장이 매출을 창출하고, 건강하게 운영되기 위해서는 샵매니저를 포함한 모든 팀원이 하나의 목표를 가지고 영업하는 것이 중요하다. 매장 역시 작은 조직이기 때문이다. 어느 조직이든 사람을 다루는 것이 가장 어렵다. 그에 앞서 인재 채용 자체가 모든 곳에서 겪는 공통된 문제다. 매장에서는 10년 전이나 지금이나 일하려는 사람이 없다고 한다. 시대는 변하고 세일즈 조직도 발전했지만, 아직까지 샵매니저라는 직업이 일반적으로 선호되지 않는 현실은 크게 달라지지 않았다. 진입 장벽이 낮을 수 있지만 고객과의 직접 상호작용, 현장 업무 수행 능력, 전문성, 커뮤니케이션 능력, 예기치 못한 상황 대처 능력 등이 필요하다.

이 직업은 누구나 할 수 있지만 누구나 성공할 수 없는, 정말 똑똑해야 잘할 수 있는 직업이라는 점이 우리의 자부심이다. 매장 운영을 위해서는 고객 관계 구축 및 유지, 문제 해결, 의사소통 등 탁월한 능력이 있는 인재가 필요하다. 이런 인재를 채용해야 안정적으로 매장을 운영할 수 있기 때문에 매출규모에 따른 기준 T/O 구성이 중요하다.

매장은 매출규모에 따라 기준 T/O가 존재한다. 이런 인재 채용을 통해 안정적으로 매장을 운영할 수 있으므로, 매출규모에 따른 기준 인력 구성(T/O)이 중요하다. 일반적으로 매출규모가 큰 매장일수록 더 많은 직원 배치가 필요하다. 매출규모에 따른 T/O 구성은 통용될 수 있는 역량을 기반으로 짜인다. 예를 들어 4명 T/O 매장의 경우 샵매니저, 시니어(소장), 주니어, 스텝으로 구성하는 것이 가장 이상적이다.

1. 인재 육성

매장의 업무들은 유기적으로 연결되어 매출달성으로 이어진다. 인원이 부족하면 각자의 역할을 제대로 수행할 수 없어 안정적인 영업 환경 조성이 어렵다. 결국 고객 응대가 제대로 이루어지지 않아 매출 기회를 놓치게 된다. 무인 매장이 아닌 이상 입점고객을 잘 응대해 긍정적 경험을 제공해야 매출을 만들어낼 수 있다. 인건비를 아끼려고 인력을 제대로 활용하지 않으면 한 사람이 모든 역할을 하기 어렵다. 공간 구조와 고객 경험을 잘 살리려면 자연스러운 응대가 가능하도록 적정 인력이 배치되어야 한다. 사실 우수 인력에 대한 중요성을 모르는 분은 없을 것이다. 그런데 보통 어떻게 인력을 채용할까?

브랜드마다 상이하기도 하고, 직영과 위탁 경영 매장에 따라 직원을 채용하는 경로가 다르기도 하다. 직영 매장은 본사 채용인력이 채용 후 발령을 내는 구조이고, 위탁 경영 매장은 샵매니저가 직접 채용한다. 샵매니저 채용 시장 자체가 활발하지 않아 현장에서의 인력 물색이 기본적으로 필요하다. 주변을 수소문하고, 네트워크를 활용해 관심 있는 인재를 평상시 물색해두는 것이 좋다.

역량이 뛰어난 직원이라도 위탁 경영인으로 배출되지 못하는 경우가 많은데, 그 이유 중 하나는 함께 일할 직원이 없기 때문이다. 오랫동안 업계에 몸

담았더라도 신뢰관계가 형성된 동료가 주변에 없을 수 있다. 따라서 평소 이 분야에 관심 있는 아르바이트생이나 주변 매장 직원들을 눈여겨보고, 필요시 영입할 수 있도록 관계를 잘 관리하는 것이 중요하다.

과거와 달라진 점은 현재 패션 리테일 근무 환경과 공식적인 채용절차다. 다음은 패션 리테일 직영 매장의 실제 채용공고 내용이다.

채용공고

[채용과정]

STEP 01 서류심사 ▶ STEP 02 매장면접 ▶ STEP 03 수습근무 ▶ STEP 04 최종면접 ▶ STEP 05 정규직 전환

[근무조건]
① 주 5일 스케줄 근무(주 40시간)
② 월 1회 연차 소진 권장 및 법정공휴일 휴무 제공
③ 오픈/마감 교대 근무

[지원자격]
① 패션, 의류, 핸드백, 코스메틱에 관심이 많으신 분
② 매장 관리자, 점장에 관심이 많으신 분
③ 의류, 패션 판매에 관심이 많으신 분
④ 서비스직에 관심이 많으신 분

[담당업무]
① 매장 운영계획 수립 및 관리
② 제품 재고 관리
③ 고객 관리 및 응대
④ VMD 및 매장 컨디션 유지

⑤ 인재 육성 및 관리(점장/매니저급)

[우대사항]

① 의류 판매직/패션브랜드 판매직 경력

② 패션에 관심이 많은 분

③ 점장직에 꿈이 있는 분

④ 서비스직에 관심이 많은 분

⑤ 밝고 긍정적인 성격의 소유자

[복리후생]

우수사원 해외연수 ǀ 복지몰, 호텔·리조트 할인 ǀ 외국어 자기 계발 지원 ǀ 임직원 특별할인, 생일 LF상품권 ǀ 리텐션 보너스 ǀ 웰컴키트 지급(정규직 전환 시) ǀ 간식비 지원 ǀ 명절 선물 지급 ǀ 출산·육아 휴가, 육아기 단축근무 ǀ 동호회 활동비 지원 ǀ 경조금/자녀 학자금 지원 ǀ 건강검진 지원

근로계약서 작성

특히 지금 우리가 채용하는 직원들은 소위 '제너레이션 제트(Generation Z)'라고 하는 20대다. 제너레이션 제트는 태어난 연대에 따라 일반적으로 1997년부터 2012년 사이에 태어난 세대를 지칭하는 용어다. 이들은 디지털 기술의 발전과 함께 자란 세대로, 디지털 기기 및 온라인 플랫폼을 통한 상호작용에 익숙하며, 창의적이고 독립적인 자기표현의 자유를 중요시한다.

또한, 자율적인 업무 환경을 선호해 유연한 근무 시간이나 장소를 선호한다. 그리고 학습과 개발에 관한 관심이 높아서 지속적인 학습과 스킬 개발 기회를 제공받을 수 있는 직업을 선호하며, 자신의 역량을 더욱 발전시킬 수 있는 기회를 중요하게 여긴다. 각각의 개인차가 있기는 하지만, 세대가 주는 공통점이 있다.

앞의 채용공고 내용을 살펴보면, 해당 사항이 많이 내포되어 있음을 알 수 있다. 특히 젠지(Gen Z)들은 공정과 윤리를 매우 중요하게 생각하므로, 채용 단계에서 근무 수칙과 리테일 영업직에서 발생할 수 있는 다양한 상황에 대해 명확히 안내해야 한다.

이런 변화에도 불구하고, 아직도 근로계약서를 안 쓰고 구두협의만으로 근무를 시작하게 하는 일부 매장이 있는데, 요즘 시대에 큰일 날 일이다. 근로계약서가 없는 경우, 직원과 고용주 간의 분쟁이 발생했을 때 합의점을 찾기가 어려울 수 있다. 서로의 의무와 권리에 대해 명확히 이해되지 않은 상황에서 이로 인해 소송이나 법적 분쟁이 충분히 발생할 수 있다. 따라서 근로계약서를 작성하지 않으면 직원과 사업주 모두에게 불이익이 발생할 수 있기 때문에 근로계약서를 작성해 양측의 권리와 의무를 명확히 정의하는 것이 중요하다.

그런데 이렇듯 어렵게 채용했다고 하더라도 이게 끝이 아니다. 지금부터가 시작이라고 해도 과언이 아니다. 이 세대의 직원들은 금전적 보상만큼이나 자기 성장을 중요하게 여긴다. 패션 리테일 분야에 관심이 있어 입사한 직원 중에는 샵매니저가 되는 것을 목표로 하는 경우도 있지만, 그렇지 않은 경우도 있다. 사실 요즘은 후자의 경우를 더 자주 볼 수 있다.

예를 들어, 현재 모 백화점 핸드백 매장의 매니저님은 첫 직장으로 공기관에서 일을 시작했다가 사무직이 적성에 맞지 않아 그만두고, 백화점 아르바이트를 시작했다고 한다. 그런데 몇 년 후, 그 아르바이트 직원이 서울의 한 대형백화점 샵매니저가 된 것이다. 아르바이트로 시작을 했던 그분이 어떻게 대형백화점의 매니저가 되었을까? 그 영향은 바로 아르바이트로 시작했던 매장의 점장, 즉 샵매니저의 영향이었다. 함께 일을 했던 그분의 모습이 길라잡이가 되어 현장 영업의 매력을 느끼게 된 것이었다. 아마도 그 당시 매니저는 아르바이트 직원의 남다른 역량을 알아보고, 그를 정직원으로 성장시키고자 하는 의지가 있었을 것이다.

특히나 패션 리테일업은 인력 의존도가 굉장히 높은 직군이기에 사람이 정말 중요한 요소다. 한 매장의 매니저라면 내가 먼저 솔선수범을 보이고, 직원들이 잘 정착할 수 있도록 육성해야 한다. 매장이나 사업장을 운영하는 분들의 이야기를 들어보면, 아르바이트든 정직원이든 목적 없이 일하는 직원들이 많다고 한다. 단순히 돈 때문에 일한다는 직원들도 꽤 있다. 이런 직원들에게 샵매니저와 선임들은 일하는 이유를 찾도록 도와야 한다. 1년, 3년, 5년 후에 무엇을 하며, 어떻게 살고 싶은지 질문해야 한다. 일의 목적과 목표가 생기면 일에 대한 태도가 달라지고, 현재 일을 통해 얻고자 하는 바가 생길 것이다. 목표의식은 성장 가능성을 의미한다.

매장 매니저는 직원들이 목표를 세우도록 이끌어야 한다. 최종 목표 달성을 위한 세부 목표를 수립하고, 목표 달성에 필요한 시간을 예측하며, 목표 달성 여부를 함께 점검해야 한다. 이는 모든 조직의 리더가 가져야 할 역할이다. 선배가 후배의 길잡이가 되어주는 것이다. 때로는 브랜드나 기업에서 체계적인 교육의 기회를 제공하는 것도 직원의 역량 개발을 위한 방법이지만, 리테일 현장에서 직접 배우는 여러 가지 것들이 정말 더 중요한 교육이지 않을까?

리테일 매장에서는 1차적으로 기본 서비스 제공, 즉 고객 응대를 시작으로 상품판매, 고객 관리, 재고 관리, 더 나아가 손익 관리까지 다방면의 멀티플레이어의 역할이 필수적이다. 그런 시간이 지나면 어느새 꿈꾸어온 한 매장의 샵매니저의 위치에 성큼 다가가 있을 것이다. 그런데 다시 현실로 돌아와서 정리하자면 말이 쉽지, 여기까지 인력을 육성하는 게 쉬운 일은 아니다. 샵매니저는 직원들의 성향도 잘 파악하고 있어야 하고, 중간중간 면담이나 대화를 통해서 동기부여와 비전제시도 해야 하고, 업무의 성장을 위해 적당한 당근과 채찍도 줄 수 있어야 한다.

개인과 조직이 함께 성장할 수 있도록 현명한 리더십을 발휘해야 한다. 개인 플레이가 아닌 팀 플레이가 좋은 매장이 성공한다. 직원 각각의 특성을 파악해 그들이 가지고 있는 역량을 최대치로 끌어낼 수 있을 때, 최대의 성과가 나올 것이다. 성숙한 샵매니저로 한 매장을 경영한다는 것은 절대 쉬운 일이 아니다.

간단하게 정리하자면, 직원들이 내 매장처럼 의욕을 가지고, 최선을 다할 수 있도록 개인별 목표와 역할을 부여하고, 이 매장이 함께 운영되고 있음을 느끼게 해주어야 한다. 이 매장은 내가 없으면 안 된다는 생각을 가질 수 있도록 직원의 존재가치를 높여주자. 직원들이 재미있게, 즐겁게 일할 수 있는 분위기와 환경을 만들어주자.

이것이야말로 패션 리테일 매장을 10여 년 넘게 교육해온 사람으로서 드릴 수 있는 꿀팁이다.

샵매니저가 반드시 알아야 할 핵심 포인트

1. 오프라인 매장의 성공적인 운영을 위해서는 샵매니저를 포함한 모든 팀원이 하나의 목표를 가지고 영업하는 것이 중요하다. 매장은 작은 조직이기에 우수 인력 채용과 육성이 매출 달성에 직결된다.

2. 10년 전과 비교해 샵매니저 직업에 대한 선호도는 크게 달라지지 않았지만, 매장 운영에는 고객 관계 구축, 문제 해결, 의사소통 등 탁월한 능력이 있는 인재가 필요하다. 따라서 매출 규모에 따른 기준 T/O 구성이 중요하며, 인원이 부족하면 고객 응대가 어려워 매출기회를 놓치게 된다.

3. 현재 패션 리테일 업계의 채용 시장은 활발하지 않아 현장에서의 인력 물색이 필요하다. 주변 네트워크를 활용해 관심 있는 인재를 평상시 찾아두는 것이 좋다. 또한, 채용 과정에서는 근로계약서를 작성해 직원과 고용주 간의 권리와 의무를 명확히 해야 한다.

4. 채용 이후에는 직원 육성이 중요하다. 특히 젠지(Gen Z) 세대는 자기 성장을 중요하게 여기므로, 샵매니저는 직원들이 일의 목적과 목표를 찾도록 도와야 한다. 최종 목표 달성을 위한 세부 목표를 수립하고, 목표 달성 여부를 함께 점검해야 한다.

5. 리테일 매장에서는 고객 응대, 상품판매, 고객 관리, 재고 관리, 손익 관리 등 다방면의 역할이 필요하다. 샵매니저는 직원들의 성향을 파악하고, 동기부여와 비전제시를 통해 개인과 조직이 함께 성장할 수 있도록 리더십을 발휘해야 한다.

6. 성공적인 매장 경영을 위해서는 직원 개개인의 목표와 역할을 부여하고, 존재가치를 높여주며, 즐겁게 일할 수 있는 분위기와 환경을 만들어주는 것이 중요하다.

성과 관리와 코칭

리테일 매장은 아무리 개인의 능력이 뛰어나더라도 절대 혼자서는 운영할 수 없다. 매출을 혼자서 창출해낸다는 것은 불가능에 가깝기 때문이다. 인력을 채용하고 육성하는 것이 쉬운 일이 아니다 보니 간혹 일부 매장에서는 샵매니저가 고군분투하며 일하는 경우가 있다. 단기적으로는 가능할 수 있으나, 장기적인 관점에서 보면 이런 상황은 전혀 바람직하지 않다.

매장 운영은 기본적으로 상품의 진열, 고객 서비스, 재고 관리, 매장정리 등 다양한 육체적 활동을 동시에 처리해야 한다. 1인 체제로 운영할 경우에 1명이 모든 업무를 수행해야 하므로 업무 부담으로 인해 효율성과 생산성이 저하될 수 있고, 게다가 장시간 서서 일하거나 무거운 물건을 옮기는 등의 작업으로 인해 육체적 피로가 쌓일 수 있다.

그뿐만 아니라, 여러 명의 고객의 요구를 짧은 시간 내에 처리해야 해서 정신적으로 부담을 느낄 수 있다. 상황에 따라 고객의 불만, 업무처리의 미스, 재고 관리의 압박 등은 극심한 스트레스를 유발할 수 있다. 또한, 다양한 업무를 1명의 인력이 전담하기 때문에 해당 업무에 대한 전문성이 부족해질 수밖에 없다. 대형 매장이나 전문가가 다수 근무하는 매장과의 경쟁력에서 자연스레 뒤처질 수밖에 없다. 이는 결국 매출 감소와 고객이탈로 이어진다.

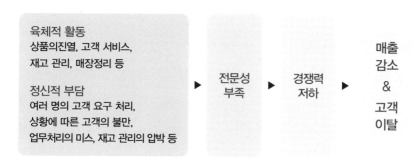

이러한 문제를 해결하기 위한 가장 기본적인 해결 방안은 적절한 인력 구성을 통한 균형 잡힌 근무 일정과 업무분장이다. 적절한 인력 구성, 즉 충분한 인력을 확보한 상태에서 매장을 운영하면 고객 서비스와 업무 효율성의 향상은 물론, 매장의 경쟁력을 강화할 수 있다. 고객들은 편리하고 만족스러운 쇼핑 경험을 원하므로, 이를 충족시킬 수 있는 매장은 경쟁에서 더욱 우위를 차지할 수 있다.

고객들은 좋은 서비스를 받을 때 만족도가 높아지며, 이는 재방문율과 매출 증가로 이어질 수 있다. 적절한 인력 구성을 통해 업무가 원활하게 처리되면 오히려 비용 절감으로 이어질 수 있다. 이처럼 역할과 업무 분담이 잘 이루어진 매장은 내부 분위기도 좋아, 고객들이 편안한 환경에서 쇼핑을 즐길 수 있다.

요약하자면, 조직은 성과를 달성해야 하는 집단이며, 혼자가 아닌 팀원과 함께 일할 때 더 나은 성과를 만들어낼 수 있다. 그렇다면 구성원들이 이탈하지 않고 성과를 내기 위해서는 어떻게 해야 할까?

우리는 살아가면서 많은 배움의 기회를 접하고, 다양한 성장 단계를 거쳐 왔기에 '코칭'이라는 말을 자주 들어봤을 것이다. 코칭의 정확한 의미가 무엇인지 간단히 설명하고자 한다. '코칭'이라는 단어의 어원은 16세기 중반 영국에서 시작되었다. 당시 '코치'는 마차나 운송수단을 뜻하는 단어였고, 코칭은 말 그대로 마부가 마차를 함께 탄 사람과 논의하면서 목적지에 간다는 것에서 비롯되었다. 이런 방식으로 '코칭(coaching)'이란 용어는 지도, 가르침, 지원 등을 의미하는 동사로 쓰이기 시작했다. 그리고 지금은 더 넓은 의미로 코칭은 개인이나 팀이 그들이 가지고 있는 잠재력을 최대한 발휘하고, 지속해서 성장하고 성과를 이루기 위해 가이드를 제공받는 과정을 의미한다.

특히 성과 코칭은 일상적인 상담이나 조언과는 다르게 목표를 설정해 성과와 만족도를 향상시키는 데 기여하는 것이 핵심이다. 코칭은 다양한 분야에서 활용되며, 조직 내에서 리더십 발전, 역량 강화, 목표 달성, 직업 전환 등의 목적으로 사용되기도 한다. 또한, 개인적인 측면에서는 인생의 방향성 설정, 스트레스 관리, 자기 계발 등에도 적용될 수 있다.

그렇다면 우리가 왜 매장에서 코칭을 해야 하는지 어느 정도 이해가 되었을 것이다. 매장의 매니저는 아직 나만큼 영글지 않은 팀원을 잘 이끌고 성장을 도와야 하는 것이다. 함께 근무하는 직원이 백 가지를 다 잘하지 못하더라도 잘하는 한 가지를 찾아 더 발휘할 수 있도록 돕는 것이 매장의 매니저, 즉 코치로서의 역할이다. 세일즈 현장에서 훌륭한 코치가 되기 위해서는 갖춰야 할 몇 가지 핵심 스킬이 있다. 그 스킬을 네 가지로 간단히 정리해보겠다.

첫 번째는 바로 잘 듣는 것, 경청이다.

1분 1초가 바삐 흘러가는 매장에서 특히나 백화점 같은 경우는 다양한 소음과 음악 소리가 뒤섞여 때로는 정신이 없을 수 있기에 잘 듣는다는 것은 쉬운 일이 아니다. 물론 매장 직원으로서 고객의 이야기를 잘 듣고, 고객이 진정으로 원하는 것이 무엇인지 파악하는 것이 1순위다. 하지만 여기서 한 단계 더 나아가 패션 리테일 매장 매니저로서 직원들을 효과적으로 관리하고, 동기를 부여하기 위해서도 경청 스킬이 필요하다.

리테일 매장 매니저

어떤 이의 이야기를 진심으로 들으면 그의 열정도 움직일 수 있다는 것을 경험해본 적이 있다. 몇 해 전에 있었던 일이다. 현재 소속된 회사에서 시니어급 승진 프로세스의 일환으로 매장 OJT 평가를 진행했다. OJT는 'On-the-Job Training'의 약자로, 매장 내에서의 실무 교육을 의미한다. 이 평가는 시니어 직원이 후임 직원에게 업무 지식과 스킬을 잘 가르치고 있는지를 후임 직원 인터뷰를 통해 파악하는 방식으로 이루어졌다. 그중 한 후임 직원과의 인터뷰가 특히 기억에 남는다.

패션 리테일 매장 직원 하면 보통 외향적이고, 패션에 관한 관심과 열정을 가지고 고객과 소통하는 것을 즐기는 성향을 떠올리기 쉽다. 나 역시 그런 고정관념에 사로잡혀 있었던 것 같다. 그러나 이 직원과 인터뷰를 진행하면서, 패션 리테일 매장 직원들이 다양한 성향과 성격을 가질 수 있다는 것을 깨달았다. 인터뷰한 직원은 내향적이고 조용한 성격이었지만, 고객과의 원활한 소통과 서비스 제공에 중점을 두고 있었고, 대인관계 능력이 뛰어나며, 도움이 필요한 고객을 위해 친절하고 적극적으로 노력하는 성향을 보였다.

더욱이 인터뷰를 통해 그의 내면에 숨겨진 역량을 발견할 수 있었다. 그는 사람에 대한 관심이 많고, 배려심이 높으며, 존중하는 태도를 가지고 있었다. 무엇보다 타인의 감정과 니즈를 잘 파악하는 민감성과 이해심이 돋보였다. 매장에서 다양한 성격의 고객을 응대할 때도 탁월한 조정과 중재 능력을 발휘하고 있었다. 이에 나는 그 직원에게 향후 현장 인력을 관리하는 채용이나 인사 업무로의 전환을 제안했고, 결국 그는 본사로 스카웃되어 함께 일하게 되었다. 이처럼 누군가의 이야기를 진심으로 경청하다 보면, 그 사람의 커리어 전환점을 만들어줄 수도 있다. 상대방의 열정을 움직일 수 있는 것이다.

잘 들어주는 매니저는 직원들과 이야기할 때 전적으로 집중하고, 그들의 의견을 무시하거나 대화 도중 말을 자르지 않는다. "바쁘니까 지금 말해"라든지 "그래서 결론이 뭔데?"라는 식의 말투는 쓰지 않도록 한다. 현재 직면한 문제나 어려움에 대해 그들의 의견과 생각을 시간을 내어 들어주고, 존중과 관심을 표현하는 것이 필요하다. 때로는 직원의 말을 잘 요약해서 되짚어 주면서 의견을 잘 경청하고 업무에 반영하고자 공감하는 모습을 보인다면, 그들은 매니저를 신뢰하게 될 것이다. 이러한 신뢰는 결국 직원들의 자신감과 동기부여를 높이는 데 큰 도움이 된다.

두 번째는 칭찬이다.

칭찬은 매장 내에서 직원들의 동기를 높이고, 긍정적인 분위기를 조성하는 데 중요한 역할을 한다. 일반적인 칭찬보다는 구체적으로 어떤 행동이나 성과에 대해 칭찬하는 것이 더 효과적이다.

패션 감각이 뛰어난 직원에게 패션 감각과 스타일에 대한 인정 칭찬 멘트

"오늘 입은 상하 아이템 조합 정말 스타일리시하다. 매번 느끼는 거지만 너의 패션 감각을 따라갈 사람이 없어."

고객 서비스를 잘하는 직원에 대한 인정 칭찬 멘트

"고객님이 서비스가 좋다고 칭찬하고 가셨어. 덕분에 서비스 우수매장으로 뽑히겠어."

판매 성과를 이룬 직원에게 판매 역량에 대한 인정 칭찬 멘트

"갈수록 판매 스킬이 좋아지네. 오늘은 ○○ 덕분에 목표 매출을 달성해서 걱정이 없네."

복잡한 업무를 처리하고 마무리를 한 직원에 대한 인정 칭찬 멘트

"업무처리 속도와 정확성을 따라갈 사람이 없네. 매번 잘 처리해주어 고맙고 늘 든든하다."

새로운 아이디어나 문제 해결 방안을 제시한 직원에 대한 인정 칭찬 멘트

"이번에 제안한 아이디어 진짜 좋은 것 같은데? 이 방법으로 해결할 수 있을 것 같아. 같이 고민해주고 아이디어를 내주어 고맙다."

칭찬의 효과를 느껴본 적이 있는가. 칭찬은 성과나 행동이 발생한 즉시 하는 것이 효과적이다. 그래야 직원들은 자신의 노력이 인정받았음을 빠르게 알 수 있다. 그리고 가능하다면 직원의 성과나 노력을 다 함께 모인 자리나 장소에서 공개적으로 칭찬하도록 한다. 다른 직원들에게 좋은 영향력을 줄 수 있고, 칭찬을 받는 사람도 몇 배의 기쁨으로 받을 수 있기 때문이다.

칭찬을 좀 더 효과적으로 하고 싶다고 고민하는 매니저님들은 때에 따라 다수에게 보내는 칭찬과 개인에게 보내는 칭찬 방식을 적절히 잘 사용하길 바란다. 다수에 대한 칭찬은 팀의 효율성과 협업을 강조하고, 개인화된 칭찬은 직원의 개별적인 노력과 기여를 강조해 직원들에게 더 큰 동기부여와 자부심을 줄 수 있다. 이 두 가지 유형의 칭찬을 조화롭게 사용해 효과적인 매장 문화를 조성할 수 있다. 무엇보다 진심에서 출발한 칭찬은 직원들에게 더 큰 영향을 준다. 단순히 칭찬을 사기 독려를 위한 목적만이 아닌, 직원들의 노력이 진정으로 매장에 어떤 도움이 되었는지, 매니저 입장에서는 어느 정도의 고마움을 느끼고 있는지 구체적으로 진정성 있게 표현할 수 있어야 한다.

세 번째는 직원과의 대화에서 질문을 잘 활용해야 한다.
일방적으로 자신의 이야기만 하고 있으면, 직원들은 속으로 '꼰대'라고 생각할 것이다. 요즘은 젊은 꼰대들도 많다고 하는데, 앞뒤 없는 꼰대가 되지 않도록 주의해야 한다. '꼰대'는 일반적으로 과거의 가치관이나 사고방식 등을 과도하게 강조하는 사람을 일컫는다. 주로 나이가 들어 새로운 것을 받아들이지 않고, 타인의 새로운 아이디어나 생각을 거부하며, 자기 의견만 고집하는 경향이 있다. 남의 의견을 잘 듣지 않는 꼰대 매니저들은 특히 직원들을 더 잘 이해하기 위해 질문을 하고, 깊이 있는 대화를 나누는 것이 중요하다.

질문은 상대방의 의도나 생각을 더 잘 이해하고, 그에 맞춰 대화를 이어 나갈 수 있게 도와주기 때문에 대화할 때 꼭 필요하다.

질문을 할 때는 '어떤', '무엇', '왜'와 같은 단어를 사용해 열린 질문(Open-ended question)을 하는 것이 좋다. 이렇게 하면 단순한 "예" 또는 "아니오"로 답할 수 없어 상대방의 자유로운 생각을 더 자세히 들을 수 있다. 직원들에게 할 수 있는 열린 질문의 예로는 다음과 같은 것들이 있다.

고객 응대를 할 때 가장 중요하게 생각하는 요인은 뭐예요?

어떤 스타일의 옷을 좋아해요?

요즘 고객들이 가장 많이 찾는 제품이 뭐예요?

매장 업무 중 어떤 일이 가장 힘들어요?

가장 좋아하는 의류 브랜드가 뭐예요?

이러한 열린 질문들을 통해 직원들은 자기 경험과 생각을 자유롭게 표현할 수 있고, 패션 리테일 업무에 대한 보다 깊은 생각을 들어 볼 수 있으니 잘 활용하시길 바란다.

네 번째는 피드백을 잘해야 한다.

피드백 스킬은 코칭 스킬의 가장 정점이라고 할 수 있다. 그만큼 매우 중요하다. 피드백은 개인이나 팀의 성장과 발전을 끌어내는 데 핵심적인 역할을 한다고 볼 수 있다. 피드백을 통해 직원은 자신의 강점과 개선할 부분을 파악하고, 성장을 위한 목표를 구체적으로 세울 수 있다.

앞서 언급한 젠지(Gen Z) 직원들은 모호하고, 애매한 피드백을 싫어한다. 예전이야 잘못된 상황이 벌어졌을 때 이렇다 저렇다 할 피드백 없이 눈치만 보면서 일했다고 하면, 지금은 그렇게 일을 해서도 안 되고, 할 수도 없는 시대다. 직원에게 해주어야 하는 피드백이 부정적 피드백일수록 시기를 늦추지 말고, 사건이 발생한 시점에 맞춰 사실을 바탕으로 명확하게 하는 것이 중요하다.

예를 들어 지각을 지속해서 하는 직원이 있을 경우, 매장에 부정적인 영향을 미칠 수 있기 때문에 단순히 눈치만 주는 것이 아니라, 피드백을 통해 개선을 끌어내는 것이 중요하다. 지각 문제는 개인의 의지뿐만 아니라 다양한 요인에 따라 발생할 수 있기에 피드백 접근은 상황에 따라 적절하게 조정되어야 한다는 것도 기억해야 한다.

단계별 피드백 조치 방법은 다음과 같이 정리할 수 있다.

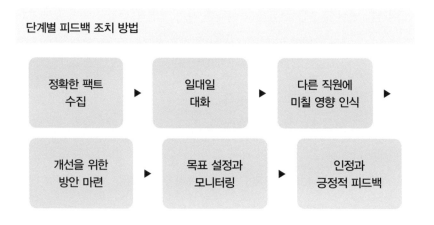

단계별 피드백 조치 방법

정확한 팩트 수집 ▶ 일대일 대화 ▶ 다른 직원에 미칠 영향 인식 ▶

개선을 위한 방안 마련 ▶ 목표 설정과 모니터링 ▶ 인정과 긍정적 피드백

첫째, 사건이 발생한 상황에 대한 정확한 팩트를 수집해야 한다. 직원의 지각 패턴을 주의 깊게 관찰하고, 언제, 어디서, 어떤 상황에서 지각하는지 등을 구체적으로 기록해둔다.

둘째, 직원과 일대일 대화를 통해 지각 문제에 대해 개인적으로 대화를 나눈다. 이때 직원이 지각하는 이유와 상황을 이해하려는 노력을 보여주는 것이 중요하다.

셋째, 직원의 지각으로 인해 매장이나 다른 직원들에게 미치는 업무상 영향이나 불편함을 함께 이야기한다.

넷째, 지각 문제를 개선하기 위한 다양한 방안을 함께 고민하고 제안한다. 예를 들어 시간 관리 방법이나 아침 시간 활용법 등을 제안할 수 있다.

다섯째, 직원과 함께 지각을 개선하기 위한 목표를 설정한다. 목표는 구체적이고 실천 가능한 것이어야 하며, 지속적인 관찰을 통해 개선 상황을 모니터링해준다.

마지막으로, 직원이 문제 개선을 위해 노력하는 모습에 대해 인정해주고, 개선되고 있는 상황에 대해 긍정적인 피드백을 제공한다.

사람은 자신이 부족하거나 약자의 위치에 있을 때, 자신을 믿어주는 사람을 오랫동안 잊지 못한다고 한다. 그러므로 상대방을 대할 때는 솔직하고 진정성 있게 다가가는 것이 중요하다.

진심을 담아 인정하고 칭찬하며, 진실된 피드백을 제공한다면 상대방은 그 말을 평생 마음속에 간직할 것이다. 비록 그 말을 한 사람은 잊을지라도, 말을 들은 사람은 오랜 시간 그 말을 되새기며 내면화하게 된다.

매장 책임자로서 감정에 휩싸이지 않고 논리적으로 접근해 코칭하는 것은 세일즈 현장에서 쉽지 않은 노력이 필요하다. 그러나 패션 리테일 매장 매니저가 경청하고 인정하며 칭찬하고, 생각을 자극하는 질문을 던지고 명확한 피드백을 제공하는 것은 직원들의 참여와 성과 향상에 매우 중요한 요소다.

이러한 코칭 스킬을 우선적으로 실천함으로써 매장 팀원들과의 관계를 강화하고, 신뢰받는 리더로 성장할 수 있는 기회를 만들어낼 수 있을 것이다.

샵매니저가 반드시 알아야 할 핵심 포인트

1. 리테일 매장은 개인의 능력만으로 운영할 수 없으며, 적절한 인력 구성과 업무 분담이 필수적이다. 충분한 인력을 확보하면 고객 서비스와 업무 효율성이 향상되고, 매장의 경쟁력도 강화된다. 조직은 팀워크를 통해 더 나은 성과를 달성할 수 있다.

2. 구성원들의 성과 향상을 위해서는 코칭이 중요하다. 코칭은 개인이나 팀의 잠재력을 최대한 발휘하도록 돕는 과정이며, 성과 코칭은 목표 설정과 만족도 향상에 초점을 맞춘다.

3. 훌륭한 코치가 되기 위해서는 경청, 칭찬, 질문, 피드백의 네 가지 핵심 스킬이 필요하다. 경청은 직원의 열정을 끌어내고, 칭찬은 동기부여와 긍정적인 분위기 조성에 도움이 된다. 질문은 직원의 생각을 깊이 있게 이해할 수 있게 하고, 피드백은 성장과 발전을 촉진한다.

4. 피드백은 구체적이고 적시에 이루어져야 하며, 개선을 위한 단계별 조치 방법을 따르는 것이 좋다. 솔직하고 진정성 있는 태도로 직원들을 대하고, 코칭 스킬을 실천함으로써 팀원들과의 관계를 강화하고 신뢰받는 리더로 성장할 수 있다.

5. 훌륭한 코치가 되기 위해서는 경청, 칭찬, 질문, 피드백의 네 가지 핵심 스킬이 필요하다.

   첫째, 경청은 직원의 이야기를 진심으로 듣고 그들의 열정을 끌어내는 데 도움이 된다. 경청을 통해 직원의 숨겨진 역량을 발견하고 커리어 전환점을 만들어줄 수도 있다.

   둘째, 칭찬은 직원들의 동기를 높이고 긍정적인 분위기를 조성한다. 구체적인 행동이나 성과에 대해 칭찬하는 것이 효과적이며, 다수에 대한 칭찬과 개인에 대한 칭찬을 적절히 활용해야 한다.

셋째, 질문은 직원의 생각을 깊이 있게 이해할 수 있게 한다. '어떤', '무엇', '왜'와 같은 단어를 사용해 열린 질문을 하는 것이 좋다.

넷째, 피드백은 개인이나 팀의 성장과 발전을 촉진한다. 피드백은 구체적이고 적시에 이루어져야 하며, 개선을 위한 단계별 조치 방법을 따르는 것이 좋다.

6. 매장 책임자로서 감정에 휩싸이지 않고 논리적으로 코칭하는 것은 쉽지 않지만, 코칭 스킬을 실천함으로써 직원들의 참여와 성과 향상에 기여할 수 있다. 이를 통해 팀원들과의 관계를 강화하고 신뢰받는 리더로 성장할 수 있다.

샵매니저의 리더십과 역할

내 밑에 직원이 1명이라도 있다면 나는 리더라고 할 수 있다. 매장의 책임자인 샵매니저가 아니더라도 아래 직급 직원이 1명이라도 있으면 나는 중간 리더가 된다. 리더는 리더십을 발휘해 매장의 성과를 내는 데 기여해야 한다. 완벽한 팀은 리더십과 팔로워십이 조화를 잘 이룰 때 성과를 낼 수 있다. 직급이 높아질수록 그에 따른 책임감도 커진다. 직급이 높아질수록 그 무게도 무거워지는 것은 어쩔 수가 없다.

요즘은 역량이 뛰어나거나 타이밍이 좋아 일반적인 속도보다 빠르게 샵매니저가 되는 분들을 많이 볼 수 있다. 하지만 그들의 속사정을 보면 매장 영업과 운영은 잘하지만, 리더십이 부족해 어려움을 겪는 경우가 많다. 이는 성숙하게 성장할 시간이 부족했기 때문에 발생하는 일이라고 할 수 있다. 현장의 샵매니저로서, 플레이어로서 출중한 능력을 보이며 칭찬만 받으며 샵매니저가 되었다고 하더라도, 매장의 샵매니저는 리더이기에 팀장으로서의 역할을 잘 이해하고, 그에 대한 책임을 져야 한다.

팀원일 때 유능했던 직원이 왜 팀장이 되면 무너질까? 그것은 역할에 따라 필요 역량이 다르기 때문이다. 피터의 법칙이 이것을 설명해준다. 피터의 법칙(Peter's Principle)은 미국의 교육학자 로렌스 J. 피터(Laurence J. Peter)와 레이먼드 힐(Raymond Hull)이 1969년에 발표한 경영 이론이다. 이 법칙에 따르면,

특정 분야에서 뛰어난 업무 능력을 보여 승진하게 되지만, 직위가 높아질수록 오히려 업무 능률과 효율성이 상대적으로 떨어지고, 결국 무능력한 수준에 이르게 된다는 현상을 설명한다.

매장에서 팀원으로 일할 때는 테크닉과 기술이 필수적이다. 판매 기술, 고객 응대 기술, VMD 관리 기술 등이 뛰어나면 인정받게 된다. 하지만 팀장으로 승진하면 사람을 관리하는 기술이 더욱 중요해진다. 회사에서 임원이 되면 기업 전체를 파악하는 능력이 요구되며, 역할에 따른 역량을 보여주지 못하면 리더로서 인정받고 성장하기 어려워진다. 그러면서 혼자 골머리를 앓게 되는 것이다. 직원들이 기대하는 팀장의 역할은 다음 다섯 가지로 요약할 수 있다.

직원들이 기대하는 팀장의 역할

1. 역할과 책임(Role and Responsibility)	팀원의 역할과 책임 배분
2. 육성(nurturer)	팀원을 지도하고 지원하는 능력
3. 성과 관리(Performance Management)	구체적인 성과 지표와 평가
4. 소통(communication)	브랜드나 유통사와의 소통, 팀원과의 원활한 의사소통
5. 운영 기준 수립(Operating Standards)	직원의 시간과 노력을 줄일 수 있는 명확한 운영 기준 수립

첫째, R&R(Role and Responsibility), 즉 역할과 책임 배분이다. 샵매니저는 직원들을 관리하고 매장을 운영하는 것이 주요 역할이다. 효과적인 매니지먼트를 위해서는 업무가 체계적으로 정리되어 있어야 하며, 신뢰를 바탕으로 팀

원들에게 업무를 적절히 배분하고 책임을 부여해야 한다. 사실 이게 절반은 차지하지 않을까 싶다.

둘째, 팀원들을 지도하고 지원하는 능력, 즉 육성이다. 샵매니저는 매장의 성과뿐만 아니라 직원들의 역량 향상에도 주력해야 한다. 제품 지식, 고객 서비스 기술, 판매 기술 등 기본적인 매장 업무 능력 외에도 의사소통 능력, 협업 능력, 문제 해결 능력, 의사 결정력 등을 개발하기 위한 OJT 프로그램을 구성하고 지속해서 관리해야 한다. 직원들의 성과를 정기적으로 평가하고 피드백을 제공하며, 비전과 열정을 갖고 일할 수 있도록 동기를 부여해야 한다.

셋째, 성과 관리다. 매장의 성과는 사업계획 대비 달성되는 매출로 평가된다. 매출달성을 위해서는 구체적인 관리 지표가 필요한데, 보통은 사업계획 대비 달성률, 전년 매출 대비 신장률 등이 사용된다. 이 외에도 신규고객 모집 수, 신규 구매 수, 재구매 수, 회원 구매 비중 등의 고객 관리 지표를 활용해 매장의 성과를 종합적으로 평가해야 한다. 구체적인 성과 지표를 설정해 매장의 성과를 종합적으로 평가해야 매출을 극대화할 수 있을 것이다.

넷째, 커뮤니케이션 능력이다. 샵매니저는 브랜드나 유통사의 관리자들과 소통해야 할 뿐만 아니라, 팀원들과도 원활한 의사소통을 해야 한다. 백화점이나 브랜드 관리자급과의 대화에서는 리더십과 자신감이 중요하다. 자신의 의견을 확고하게 주장하고, 상대방을 이끌어나가는 스킬이 필요하다. 매장 직원들은 매니저의 진실성과 일관성을 중요하게 여긴다. 약속을 지키고 일관된 메시지를 전달해 신뢰와 안정감을 주어야 한다. 우리가 추진하는 일들이 잘 이해되고 전달될 수 있도록 중간에서 동시 통역자 역할을 잘해야 한다.

다섯째, 운영 기준 수립이다. 매장 업무 중 많은 부분이 기준에 따라 이루어진다. 상황에 따라 기준이 달라지는 고무줄 같은 운영은 팀원들을 불안하게 만들 수 있다. 명확한 운영 기준을 수립하면 업무 프로세스가 명확해지고, 직원들의 시간과 노력을 절약할 수 있다. 직원들에게 분명한 역할과 책임을 부여하고, 업무에 대한 방향성을 제시함으로써 직원 관리와 업무 만족도를 높일 수 있다.

한 매장의 매니저가 되면 지금과는 역할이 180도 달라진다. 이 내용은 갑자기 리더가 되었을 때 겪을 수 있는 혼란을 최소화하고자 하는 조언이다. 무엇보다 중요한 것은 자신의 강점을 끝까지 유지하고 지켜내는 것이다. 샵매니저로서의 역할을 수행하게 해준 강점이 분명 있을 것이므로, 그 강점을 계속해서 발휘해야 한다. 이것이 바로 셀프 리더십이며, 자신만의 리더십 컬러가 되는 것이다. 셀프 리더십을 발휘하면 보다 긍정적인 방향으로 발전할 수 있고, 힘든 시기가 찾아와도 남들보다 빠르게 회복하는 탄력성이 높아진다.

필자 역시 사람을 정말 좋아한다. 상대의 이야기에 귀 기울이고, 그들의 편이 되어주는 것에서 보람과 즐거움을 느낀다. 공감 능력이 뛰어나 평소 고민 상담을 자주 해주는데, 이것이 필자의 강점이라고 생각한다. 중간 리더가 되었을 때에도 팀원들과의 면담과 대화 시간을 최대한 많이 가지면서 동기부여를 해주는 역할을 수행했고, 지금도 그렇게 하고 있다.

팀장님한테 혼난 직원이 있다고 했을 때, 얼마나 속상할까 싶어 함께 시간을 가지고 직원 입장에서 다독여주면서 위로한다. 천천히 하나하나 대화를 하다 보면 본인이 잘못한 포인트를 알게 되는 순간이 오게 되고, 그때 그 직원은 다시 스스로를 다잡는 기회를 가지게 된다. 이렇듯 리더십은 각자의 역할에서 비롯되는 것 같다.

한 리더십 강사의 말씀이 기억난다.

"사람들은 현재 직위보다 한 단계 낮은 직위에서 일하는 경향이 있다.
그것이 편하기 때문이다. 하지만 리더라면 예전의 직위가 아닌
현재의 직위에 걸맞게 일할 필요가 있다."

우리는 각자 본인의 캐릭터를 잘 활용해 독창적인 리더십을 구축하고, 역량 있는 샵매니저가 되기 위해 앞서 설명한 성과 관리와 리더십 스킬을 실천에 옮겨야 한다.

[참고] 매장 직원의 공통 업무리스트

구분	분류	체크 포인트	체크
개점전	근태	근태 관리 시스템 활용(점장_근태 점검), (점장 부재 시 차선임급)	
	복장 및 용모	복장은 단정한가(청결/다림질 여부 점검)	
		화장은 깔끔하고 자연스러운가	
		직원들이 브랜드 컨셉에 맞는 근무복을 착장했는가	
		명찰은 제 위치에 부착하고 있는가	
	매장 환경	매장 청결 상태 확인(바닥, 쇼윈도우, 선반, 행거)	
		인테리어 배치 상태 점검(집기파손 여부 , 조명 상태 등)	
		피팅룸 청결 상태(방향제, 벽면, 카페트, 조명)	
		포스 주변 정돈 상태(필요서류, 서랍, 문구류)	
		부자재 정리정돈 상태(쇼핑백, 옷걸이, 수트커버 등)	
		제품 진열 상태(마네킹, 윈도우, facing 상태, 적절한 수량)	
		디스플레이(POP, 소품, 퍼니처)	
		화장실 청결 상태 확인(방향제, 화장지, 청소도구)-가두점	
		건물 외관 청결 상태(건물 입구, 쇼윈도우 외관, 현수막, 주차표시판)-가두점	
	전일 업무 체크	매장 관련 E-mail / 본사 공지사항 확인	
		매장일지 확인(전일 휴무자 daily issue 확인)	
		전일 매출 확인(실적, 데이터 업데이트)	
	물량 관리	입고수량 일치 여부 확인(행랑, 행거, 박스)	
		입고송장과 실물 확인(수량, 스타일, 매장코드 확인)	
		불량 여부 확인	
		전산확정	
		고객 약속내역 확인	
		부족분 신청 입고 여부 확인	
		상품 진열 및 보관(사이즈/재고 보충분)	

똑똑한 샵매니저는 이렇게 일합니다

구분	분류	체크 포인트	체크
영업 중	고객 과의 약속	고객과의 약속 날짜 및 고객전달 방법 확인(고객내방, 택배)	
		타 매장 RT(Rotation, 매장 간 이동)를 통한 상품 확보	
		상품 유무, 해당 매장명 등 내역을 확인했는가	
		도착상품 사이즈 및 불량유무 점검	
		고객에게 약속 제품 처리결과 및 문제발생 시 사전 연락	
	A/S 관리	고객 A/S 접수증 작성	
		A/S 의뢰상품 당일 포스 입력	
		접수상품 익일 발송	
		POS에서 처리사항 수시 점검 후 진행사항 고객에게 연락	
		매장 도착 시 상품 상태 확인 후 고객에게 연락	
		본사 처리 결과 고객에게 정확하게 전달	
	고정 고객 관리	고정고객 관리 정보 업데이트	
	VMD	코디 원상태 유지(마네킹, 행잉, 폴딩)	
		판매분 수시 보충	
		청결 상태 유지 (매장 내 폴리, 빈 옷걸이, 창고용 옷걸이가 나와 있지 않도록 점검)	
		집기 레이아웃(전신거울, 퍼니처, 소품, POP)	
		조명 상태 수시 점검	
	청결	피팅룸 청결 유지(먼지, 페이스커버, 방향제, 거울, 옷걸이)	
		화장실 청결 상태(화장지, 휴지통, 세면대)-가두점	
		출입구 청결 상태(매트, 바닥, 우산꽂이)-가두점	
	수선	고객에게 수선가능 여부 설명	
		수선 접수증 작성(담당자 및 고객 정보 기입)	
		수선 완료 약속 일자 확인	
		고객전달 방법 확인	

샵매니저가 반드시 알아야 할 핵심 포인트

1. 완벽한 팀은 리더십과 팔로워십의 조화로 성과를 낸다. 빠른 승진으로 샵매니저가 된 사람들은 리더십 부족으로 어려움을 겪기도 한다.

2. 피터의 법칙에 따르면, 역할에 따라 필요 역량이 다르다. 팀원일 때는 테크닉과 기술이 중요하지만, 팀장이 되면 사람 관리 기술이 더 중요해진다. 직원들이 기대하는 팀장의 역할은 역할과 책임 배분, 직원 육성, 성과 관리, 커뮤니케이션 능력, 운영 기준 수립 등이다.

3. 샵매니저가 되면 역할이 크게 달라진다. 자신의 강점을 유지하고 발전시키는 셀프 리더십이 중요하다. 각자의 캐릭터를 활용해 독창적인 리더십을 구축하고, 성과 관리와 리더십 스킬을 실천해야 한다.

SMART SHOP MANAGER

CHAPTER

7

"모든 인간관계의 핵심은 의사소통이다."

— 톰 페터스

샵매니저의
비즈니스 커뮤니케이션 전략_
신뢰를 주는 협업 스킬

비즈니스 파트너 파악

패션 리테일 매장을 운영하면 정말 다양한 사람을 많이 만나게 된다. 실질적으로 가장 많이 만나는 사람은 매장에 상품을 구매하러 오는 고객이다. 그들을 통해 매장의 매출을 올리고, 우리는 그 매출을 달성하기 위해 많은 시간과 노력을 투자한다. 결국은 매출을 올리기 위해서는 많은 사람의 협업이 필요하다. 내가 만나는 모든 사람이 우리 매장에 직접적으로 매출을 올려주는 고객이 될 수도 있고, 때로는 업무적으로 도움을 줄 수도 있을 것이다. 이렇게 생각한다면 당신이 만나고, 대화하는 사람들과의 관계가 얼마나 중요한지 잘 알 것이다.

백화점 내에 입점해 있는 매장을 예로 들어볼까 한다. 백화점 한 공간에 매장을 오픈하고, 영업하기 위해서는 다양한 분야의 사람들과의 접점이 이루어진다.

일단 백화점 내에 입점한 상황이니 매니저 입장에서는 매일 접하는 백화점 담당자와의 관계가 중요하다. 백화점마다 호칭의 차이가 있지만, 바이어 또는 파트너라고 칭한다. 온라인몰을 함께 운영하는 매장은 온라인몰 담당자와의 관계도 중요하다.

브랜드에 따라 상이하지만, 요즘은 온라인몰 매출의 비중이 훨씬 큰 매장들도 다수 있기에 오프라인 매출담당과 온라인 매출담당 모두 거의 매일 접점을 가질 수밖에 없는 상황이다. 그리고 브랜드 본사의 영업담당자, 브랜드 제품의 기획담당자와 디자이너, 주기적으로 매장의 이미지를 연출해주는 VMD 등 매장 안과 밖으로 관계된 사람이 많게는 수십 명이 될 수 있다. 심지어 같은 상권 안에서 나와 함께 매출을 경쟁하는 옆 매장의 매니저와 직원들과도 관계를 맺고 있다.

우리는 하루에 정말 많은 사람과의 대화를 주고받으며 에너지를 쓰는데, 이 모든 사람이 단순히 가벼운 농담을 건네며, 즐겁기 위해서 대화를 나누는 것일까? 당연히 일하고자 하는 일터의 공간이고, 비즈니스상의 관계가 있으므로 매장의 성과, 각자가 취하고자 하는 이익을 위해서 서로에게 도움이 되는 업무상의 대화를 하고 싶어 할 것이다. 누군가와 대화할 때는 역지사지의 마음으로 그들이 원하는 것을 먼저 생각하면서 대화할 필요가 있다.

VMD 담당자는 당연히 연출 된 제품의 고객 반응, 판매율이 궁금할 것이다. 옆 매장의 매니저님은 우리 매장에서 어떤 프로모션을 하고 있는지, 어떤 제품이 잘 나가는지가 궁금할 것이다. 관계관리의 시작은 상대방의 입장을 이해하는 것이고, 그 사람이 어떤 사람인지를 먼저 파악해 그에 맞는 대화를 하는 것이 필요하다. 그리고 비즈니스상의 관계라면 상대방이 필요로 하고, 도움이 될 만한 정보에 대한 전달이 기본이다.

백화점 브랜드 담당자와 온라인몰 담당자, 그리고 본사 브랜드 영업담당자들은 우리에게 무엇이 궁금할까? 당연히 매출이고, 매출달성을 어떻게 할 계획인지, 어떤 전략을 가지고 영업을 하고 있는지, 어떤 지원이 필요한지 등의 내용일 것이다. 현재 매출수준이 평균 대비 잘 나오고 있다면 호진 사유가 무엇인지, 매출이 현재 부진한 상황이라면 왜 매출이 빠지고 있는지, 각각 백화점에서 지원하는 프로모션과 브랜드에서 지원하는 프로모션이 무엇이 있는지, 추가 지원이 가능한지, 조금 더 심도 있게 들어가자면 이번 시즌 브랜드의 방향이나 전개 전략을 미리 알고 싶은 것도 있을 것이다.

브랜드 제품을 기획하는 MD, 디자이너분들은 첫 번째로 현재 매장에 입고된 제품의 고객 반응과 고객들의 의견, 호부진 상품에 대한 피드백을 알고 싶어 하고, 두 번째로 경쟁사의 호조 상품이 우리 브랜드와 어떻게 다른지 궁금할 것이다. 세 번째로 그래서 어떤 상품이 리오더 되면 좋을지의 의견이 최종적으로 필요하다.

해당 브랜드의 본사 영업담당자는 백화점 담당자와 비슷하겠지만, 그래도 같은 내부 직원이다 보니 지원적인 태도를 보이며 접근할 것이다. 호부진 사유, 사업계획 달성을 위해 매장에서 어떻게 하고 있는지, 어떤 지원이 필요한지, 조금 더 서포터 입장에서 매장의 요청사항과 의견을 듣고자 할 것이다.

매장의 매출을 걱정하고 성과를 위해 애쓴다는 공통점이 있으므로 같은 방향을 바라보고 있는 것 같지만, 때로는 조금 더 관심 있게 바라보는 요소가 차이가 있어 동상이몽일 때도 있다. 하지만 이 모든 사람과의 관계를 맺고 협업을 끌어내는 주체자는 바로 샵매니저다. 그렇기 때문에 보다 주도적인 대화를 하려면 나와의 협업자, 파트너의 현재 상황을 잘 이해하고 원하는 것을 주면서 동시에 내가 원하는 것을 취하는 밀당의 고수가 되어야 한다.

브랜드 담당자와 매장 직원이 시즌 상품을 보며 대화하는 모습

출처 : 글로벌휴먼스

백화점 영업담당자와 이야기하는데, 즐겁게 지하에 입점한 맛집 이야기만 할 수는 없지 않은가? 이렇게 가벼운 소재만으로 대화가 이어진다면 장기적으로 서로에게 신뢰를 주는 관계가 될 수 있을까? 차라리 "지금 지하에 유명한 맛집이 입점했던데요. 우리 매장과 이런 공통점이 있으니 제휴를 맺어서 고객 유입을 좀 시켜 볼까 하는데, 그 매장담당자 소개 한번 부탁드려요"라고 제안하는 대화가 훨씬 더 생산적이고 신뢰를 줄 수 있다. 현재의 매출상태를 어떻게든 개선해보고자 하는 매니저님의 노력과 관심이 보이는 대화이니 정말 매장을 생각하는 영업담당자라면 어떻게든 자리를 만들어주려고 하지 않을까?

CHAPTER 7. 샵매니저의 비즈니스 커뮤니케이션 전략_신뢰를 주는 협업 스킬

어떤 매장의 매니저님은 해당 브랜드의 디자이너가 매장에 왔을 때, 디자이너 입장에서 궁금한 고객반응을 구체적으로 알려준다. 또 경쟁사 동향에 관해서도 설명하면서 직접 경쟁사 매장으로 함께 들어가 매니저를 소개하면서 자연스럽게 대화를 나눌 수 있는 자리를 만들어주는 분도 계신다. 이런 브릿지 역할을 하는 것이 쉽지는 않지만, 평상시에 경쟁사지만 좋은 관계를 유지하면서 관계관리를 하고 있었기에 가능한 것이라고 본다. 주변의 매장 매니저들도 똑같은 상황이 있을 것이기 때문에 서로 협업하는 의미로 긍정적인 관계 유지가 필요하다.

적정한 선에서 서로에게 필요한 정보를 교환하며 관계를 유지한다면, 파트너로서 매장 업무에 마이너스보다는 플러스 요인이 충분히 더 많을 것이라고 생각한다. 인간관계에서는 하나를 받으면 하나를 갚는 상호성의 법칙이 존재하기 때문에 서로 도움을 주고받으면서 지낼 수 있다. 매장 주변을 살펴보면 적보다는 지원군들이 더 많이 있다. 적이라고 생각하면 적이 될 수 있지만, 내 매장을 위해서 함께 고민하고 문제를 해결해나가는 지원군이라 생각하면 든든한 존재가 될 수 있다.

내가 먼저 매장의 파트너를 제대로 이해하고 관계하고자 노력한다면, 그 노력은 좋은 평판으로 이어지게 되고, 분명히 좋은 관계를 맺고 유지하게 될 것이다. 이렇게 맺어진 좋은 관계는 새로운 협력 기회를 창출하고, 시장에서의 경쟁력을 강화할 수 있다.

샵매니저가 반드시 알아야 할 핵심 포인트

1. 패션 리테일 매장을 운영하면서 만나는 사람들과의 관계가 매우 중요하다. 고객뿐만 아니라 백화점 담당자, 온라인몰 담당자, 브랜드 본사 직원, VMD, 경쟁 매장 등 다양한 분야의 사람들과 접점을 가지게 된다.

2. 이들과의 대화에서 상대방의 입장과 필요를 먼저 이해하고, 그들이 원하는 정보를 제공하는 것이 관계관리의 시작이다. 매출과 성과 달성을 위해 서로 도움이 되는 업무 대화를 나누어야 한다.

3. 상대방이 궁금해하는 것은 매출 현황, 계획, 지원 필요 사항 등이며, 구체적인 고객 반응과 의견을 요구하기도 한다. 샵매니저는 이해관계자 모두의 상황을 파악하고, 원하는 바를 제공하며 주도적으로 협업을 끌어내야 한다.

4. 적정선에서 정보를 교환하고 상호 도움을 주고받으며 좋은 관계를 유지하면, 새로운 기회가 만들어지고 경쟁력도 높아질 수 있다. 파트너들을 이해하고 노력하면 좋은 평판과 관계를 구축할 수 있다.

비즈니스
커뮤니케이션
스킬

이 글을 읽고 있는 여러분은 평소에 커뮤니케이션을 잘하는 편인가? 아니면 그 반대인가? 샵매니저로서 살아가고 있다면 지금까지 살아오면서 누군가와 대화를 하는 데 큰 문제 없이 오히려 "대화 스킬이 남들보다 좋다. 함께 대화하면 편안하다. 즐겁다"라는 칭찬을 많이 받았을 것이다. 사람과 만나 대화하고 소통하는 것이 불편하거나 무서웠다면, 기본적으로 고객을 응대하는 세일즈 직군에 관심이 없었을 터이고, 이 길에 들어서지 않았을 것이다.

비즈니스 커뮤니케이션은 조직의 내부 및 외부에서 상대와 정보를 전달하고 소통하는 과정을 말한다. 이는 비즈니스 성과에 큰 영향을 미치는 중요한 요소다. 단순히 상대의 눈을 보면서 대화하고, 맞장구를 잘 치는 것만으로 비즈니스 커뮤니케이션을 잘한다고 절대 볼 수 없다. 상황에 따라 잘 들어야 할 때도 있고, 적당히 제안해야 할 때도 있다. 즉, 비즈니스 커뮤니케이션은 명확한 목적이 있어야 한다. 정보 전달, 의사 결정, 문제 해결, 관계 강화, 목표 달성 등 다양한 목적이 포함된다.

이러한 비즈니스 목적을 잘 성사시키기 위해서는 서로 양방향의 의견 교환, 질문과 답변, 토론이 진행되어야 한다. 그것에 앞서 대화할 상대에 대한 분석이 무엇보다 우선이다. 오늘 미팅이나 간담회가 있다면, 만날 사람이 지금 어떤 정보가 필요한지, 최근에 어떤 이슈를 겪었는지, 그 사람의 성향이나 업무 스타일을 미리 파악하면 대화가 쉽게 풀릴 것이다. 서로 가지고 있는 정보가 많으니 상대와 대화하는 문이 훨씬 넓어지고, 보다 풍성한 대화를 이어 나갈 수 있다.

매장 직원들의 미팅하는 모습

출처 : 글로벌휴먼스

두 번째는 팩트 중심으로 듣고 말하는 것이다. 대화의 방향과 흐름을 명확하게 만들어주며, 혼란스럽거나 헷갈리는 상황을 방지할 수 있다. 보고서 같은 문서를 작성할 때도 심플하게 팩트 중심으로 작성되어 있으면 신뢰도와 전달력을 향상시킨다.

팩트를 중심으로 말할 때 가장 중요한 게 무엇일까? 그것은 바로 결론부터 말하라는 것이다. 비즈니스 대화에서는 결론부터 말하는 것이 효과적이다. 결론에는 주요 내용이나 중요한 결과가 포함되어 있어서 상대방은 대화의 목적과 방향을 설정하고, 대화에 주목하고 집중할 가능성이 크다.

매장에서 발생한 상황에 대해서는 처음부터 구구절절 장황하게 설명하는 것보다 '결국 그 고객에게 환불은 해주었지만 재방문하게 해서 매출 300만 원을 올렸다'로 먼저 시작하고, 그 이후에 당시 상황에 대해 부연 설명하는 것이 대화의 흐름을 자연스럽게 이어갈 수 있다.

대부분의 보고를 받는 분들은 시간을 초 단위로 쪼개서 쓰는 고위직 분들이고, 경험치와 연륜이 많아서 결론부터 이야기해도 충분히 상황을 이해하고 파악한다. 선택의 갈림길에 있는 상황에서 보고하면 되는지, 안 되는지를 먼저 명확하게 말해야 한다. 결론 없이 우왕좌왕하다 보면 "그래서 하고 싶은 말이 뭔데?"라는 말을 듣기 십상이니, 결론부터 전달하는 대화 습관을 만들어야 한다. 비즈니스 상황에서 자신 있게 대화를 전달하려면 평소에 본인의 생각이 논리적으로 정리가 잘되어 있어야 한다. 논리적 사고를 바탕으로 대화의 구조를 맞춰야 하는 것이다.

세 번째는 숫자 베이스로 대화하는 것이 중요하다. 숫자는 복잡한 개념이나 상황을 간결하게 전달할 수 있는 효과적인 수단이다. 숫자는 사실에 기반한 정보를 제공하기 때문에 상대방에게 신뢰를 줄 수 있는 중요한 요소다.

매장 사진

출처 : RaumEast 매장(서울시 강남구 언주로 872)

매장에서 일어날 수 있는 일을 예로 들어보겠다. 매장에서는 본사 영업담당자와 물량에 관해 대화하는 경우가 많다. 현재 매장에서 A라는 스타일이 필요해 더 받고 싶을 때, 어떤 대화가 설득이 되고 물량을 보내게 되는지 골라보자.

① (친분을 과시하며) "담당님, 우리 매장에 물량이 너무 없어서 힘들어요. 이번 주에 꼭 좀 넉넉히 넣어주세요."

② "담당님, 이번 주에 저희 매장 A스타일 판매율이 30% 이상 올라가서 매출이 신장했어요. 최소 20pcs(pieces)는 이번 주 내로 입고되면 좋겠어요. 부탁드립니다."

CHAPTER 7. 샵매니저의 비즈니스 커뮤니케이션 전략_신뢰를 주는 협업 스킬

여러분이라면 몇 번의 대화를 한 샵매니저에게 물량을 더 입고할까? 물론 ②다. 특히 브랜드 본사 담당자에게 가장 중요한 미션은 무엇인가? 당연히 재고 소진이다. 서로 윈윈할 수 있는 상황인데, 안 도와줄 이유가 없지 않은가?

매장에서 업무적으로 대화할 때 감정에 따라 우기지 말아야 한다. 기분이 태도가 되지 말자는 말을 많이 들어봤을 것이다. 어떤 일이나 상황에 대해 지나치게 감정에 휩싸이지 말고, 이성적으로 행동하고 반응하는 것을 말한다. 기왕이면 팩트 중심으로 정확하게 숫자 베이스로 논리를 구성해서 제안하는 연습을 하는 것이 좋다. 그리고 함께 일하는 직원들도 연차가 낮을 때부터 연습될 수 있도록 대화의 방식을 다음과 같이 이야기할 수 있도록 제안한다.

1. 제품의 재고 상태를 안내할 때

"고객님, 이 코트는 블랙, 네이비, 베이지 세 가지 컬러로 출시되었는데, 찾으시는 100 사이즈는 세 컬러 모두 매장에 준비되어 있습니다."

2. 할인 정보 제공

"현재 이 티셔츠는 세일 중이며, 원래 가격의 20% 할인된 가격으로 12만 원에 판매 중입니다."

3. 특정 스타일의 판매 비중을 설명할 때

"이번 달에는 여성용 티셔츠가 가장 많이 팔렸어요. 전체 매출 중 약 30%를 차지했습니다."

일반적으로 매장에서는 숫자를 기반으로 이야기할 수 있는 요소가 제품 관련 지식(소재, 색상, 사이즈, 가격, 할인율, 프로모션 등), 재고 상태(현재 수량), 매장의 데이터(매출, 고객 KPI, 호부진 상품의 제품 판매량, 고객 선호도 등) 크게 세 가지 영역에서 나온다.

매장에서 상품을 구매하는 고객 외에 업무와 관련된 모든 사람을 고객으로 생각하고, 사실과 숫자를 기반으로 좀 더 효과적인 대화를 할 수 있도록 사전 교육이 뒷받침되어야 매장의 판매 성과를 향상시키는 데 진정으로 도움이 될 것이다.

마지막으로 이번 비즈니스 커뮤니케이션 스킬 부분을 '기브 앤 테이크(Give and Take)'라는 말로 정리해보겠다. 이는 상대방에게 무언가를 주는 것과 동시에 그에 상응하는 무언가를 받는 것을 의미한다. 기브 앤 테이크는 사회생활에서 상호작용하는 데 중요한 개념 중 하나라고 생각한다. 장기적으로 봤을 때 상호교환이 가장 효과적인 관계 유지 방법이지 않을까?

여기서 한 가지 더 전달하고 싶은 내용이 있다. 기본적으로 기브 앤 테이크가 사회생활에서 중요하고, 서로를 이해하고 배려하는 것은 건강한 대인관계를 유지하는 데 필수적이라는 것을 이해했다. 그러나 이것은 모든 상황에 따라 달라질 수 있으며, 때로는 한쪽에서 더 많은 기여가 필요할 수 있다는 것을 기억해야 한다. 나와 상대방의 상황과 필요를 고려하고 도와주면서도 때로는 무조건적인 기대 없이 주고받는 것이 서로 독립적인 존재로서 진정성 있게 연결될 수 있는 것이다. 이것이 장기적인 관계 유지 전략에서 봤을 때, 상호작용의 균형을 유지하고 상대방의 요구를 존중하며 자신의 필요를 표현할 수 있는 중요한 방법이다.

샵매니저가 반드시 알아야 할 핵심 포인트

1. **비즈니스** 커뮤니케이션은 상대방과 정보를 전달하고 소통하는 것으로, 비즈니스 성과에 큰 영향을 미친다. 단순한 대화 외에도 상황에 맞게 잘 듣고, 제안하고, 양방향 의견 교환이 필요하다.

2. **대화에** 앞서 상대방에 대해 사전 분석하는 것이 중요하다. 상대방의 필요, 이슈, 성향 등을 파악하면 원활한 대화가 가능해진다.

3. **팩트** 중심의 대화를 해야 하며, 결론부터 말하는 것이 효과적이다. 상대방이 대화 목적과 방향을 잡을 수 있게 한다.

4. **숫자** 베이스로 대화하면 복잡한 상황을 간결하게 전달할 수 있고, 신뢰도도 높아진다.

5. **모든** 업무 관계자를 고객으로 여기고, 사실과 숫자를 바탕으로 효과적인 대화를 할 수 있도록 교육이 필요하다.

6. **서로** 주고받는 '기브 앤 테이크'가 중요하지만, 상황에 따라 일방적인 기여가 필요할 때도 있다. 균형과 상호존중이 관계 유지에 핵심적이다.

비즈니스
신뢰 형성

'나는 함께 일하고 싶은 사람인가?'

가끔 나한테 스스로 이 질문을 던져볼 때가 있다. 여러분은 어떤 답변을 할 수 있을 것 같은가? 이 질문에 자신 있게 "네!"라고 대답하신 분들이 더 많았으면 한다.

요즘 사회는 함께 일하고 싶은 사람이 되라고 한다. 기술과 산업의 발전이 빠르게 변화함에 따라 신속하게 변화에 대응하고, 혁신적인 아이디어를 확보하기 위해서는 팀원들 간의 협력과 공유가 필요하다. 팀워크와 협업이 중요한 가치로 여겨지면서 협업이 가능한 사람이 필요한 세상이라는 것이다.

과거 기술집약적 산업이 성행하고 발전했던 시대에는 기술이 중요한 역할을 했고, 경험과 노하우가 많은 사람이 가르쳐주면 그 기술을 배우고 연마하면 그대로 적용하면 되었다. 비즈니스가 지금보다 덜 마이크로화 되어 있었다고 보면 이해가 쉬울 것이다. 그런데 시대가 변하고 빠르게 발전하면서 다양한 산업이 등장하게 되어 서로 콜라보레이션(collaboration, 협업) 하는 것이 중요한 세상이 되었다. 융합의 시대, 통합의 시대, 협업의 시대가 된 것이다. 이제는 유일무이한 신이 아니라 산업 안에서 유기적으로 A와 B를 연결하는 능력 있는 사람이 주목받고 인정받는 시대라는 것이다.

개인이 아니라 팀으로 일할 때 더 큰 성과를 낼 수 있고, 팀원들 간의 협업은 결속력을 높이고, 개인의 자부심과 만족도를 높이면서 개인의 성장에도 기여한다. 이런 역동적인 관계 안에서 개인의 자존감도 높아질 수 있다. 그래서 요즘 채용 시 묻는 질문이 "당신은 평소에 함께 일하고 싶은 사람인가요?"가 정말 중요해졌다.

요즘 채용 면접 시 처음에 언급한 질문이다.

"당신은 평소에 함께 일하고 싶은 사람인가요?"

그럼 어떤 사람이 함께 일하고 싶은 사람일까? 성격이 착한 사람? 말을 잘하는 사람? 일 처리가 빠른 사람? 과연 그럴까?

최근 조직생활을 하는 분들에게 물어보면, 공통으로 나오는 키워드가 있다. '함께 일하고 싶다'라는 것은 어찌 보면 그 사람에 대해 신뢰도가 있다는 것을 의미하는데, 인간관계에서 신뢰를 형성한다는 것은 단숨에 이루어질 수 있는 것은 아니다. 최소한 일정 기간 협업했을 때 성과가 나야 할 것이고, 그러려면 일하는 방식에서 오는 신뢰가 다음에도 함께 일하고 싶은 파트너로서의 관계를 만들어주는 것이다.

《관계의 내공》이라는 책에서 유세미 작가는 이렇게 정리했다.

함께 일하고 싶은 사람은
첫째, 자신의 업무와 역할에 책임감 있게 행동한다.
책임감이라는 것이 굉장히 무겁게 느껴지기도 하지만, 샵매니저의 경우 한 매장의 책임자 역할을 맡고 있어서 직원들과 나눈 이야기에 대해 약속과 일정을 지키며, 성실하게 업무에 임하는 모습만으로 신뢰를 줄 수 있다.

가끔 일하면서 발생하는 사소한 실수에도 서로 신뢰가 없다면 잘못을 변명하거나, 상대방 탓을 하거나, 상대에게 일을 전가하는 행동을 하게 된다. 따라서 신뢰를 바탕으로 함께 일할 때 직원들은 안정감을 느낄 수 있고, 본인들도 신뢰받기 위해 맡은 업무를 책임감 있게 수행한다.

둘째, 원칙을 지키는 단단함이다.

기준이 확실한 사람은 자신의 가치관이나 원칙을 변하지 않고 일관되게 지킨다. "저 사람 너무 꽉 막혔어"라고 듣는 정도라면 힘들 수 있지만, 원칙은 문제가 발생했을 때 해결의 기준과 힘을 준다. 때로는 원칙을 지키기 위해 자기 편익을 포기할 수 있다. 이러한 일관성은 주변 사람들이 그들을 예측할 수 있게 하며, 믿음과 신뢰를 줄 수 있다. 그것이 자기 삶의 중요한 부분을 차지한다.

리테일 분야에서 원칙을 중요시한 사람으로 아마존의 제프 베이조스를 들 수 있다. 아마존은 세계에서 가장 큰 온라인 리테일 플랫폼 중 하나로 성장했고, 그 성공의 핵심은 베이조스의 철저한 원칙과 비전에 기반한다. 베이조스는 항상 고객을 최우선으로 생각하고, 고객의 요구와 편의를 위해 최대한 반영하고자 노력했다. 그리고 실패를 두려워하지 않고 혁신을 추구했으며, 장기적 비전을 가지고 다양한 제품과 서비스를 시도하고, 새로운 기술을 도입해 시장을 선도하는 역할을 했다. 결단력 있는 리더십으로 아마존의 성장과 성공에 큰 역할을 기여했다. 이렇게 회사의 가치와 원칙을 철저히 지켜왔기에 수많은 어려움에도 불구하고, 아마존은 전 세계에서 가장 혁신적이고 성공적인 기업 중 하나로 평가받는다.

셋째, 말보다 행동을 먼저 하는 사람이다.

부지런히 몸을 먼저 움직이고 행동하는 사람이 결국 사회생활의 승자다. 행동은 말보다 더욱 강력한 메시지를 전달한다. 말로만 계획하고 이야기하는 것보다 목표에 더 가깝게 다가갈 수 있다. 행동은 결과를 도출하고, 문제를 해결하는 데 필수적이다.

무엇보다 행동은 그 사람의 진정성을 보여준다. 일관된 행동은 그들의 가치관이나 의지를 보여주고, 이는 더 큰 신뢰와 존경을 얻을 수 있게 해준다. 말로 공언하는 것보다 실제로 행동으로 보여주는 것이 믿음과 신뢰를 구축하는 데 훨씬 큰 도움이 된다. 행동으로 보여준다는 것은 상대에게 실질적인 경험을 하게 해주는 것이고, 이를 통해 성과로도 이어질 수 있기 때문에 협력과 협업에 있어 매우 중요한 요인이라고 할 수 있다.

넷째, 사소한 것도 소통을 잘하는 사람이다.

이것은 정말 100% 공감하는 부분이다. 팀과 관련된 일이라면 사소한 것이라도 중요한 정보를 포함하고 있을 수 있기 때문에 함께 공유하는 것이 중요하다. 업무의 일부거나 작은 변화라도 간과하지 않고, 소통하며 공유해야 팀 전체가 상황을 이해해서 필요에 따라 함께 조치를 취할 수 있다. 사소한 문제나 불편한 점이 누적되지 않고 빠르게 해결되면 업무가 원활하게 진행될 수 있고, 업무의 효율성을 높여 팀의 결속력이 좋아진다. 개인적으로 이 부분은 정말 중요하다고 생각한다. 팀원들 간의 신뢰와 존중이 높아지면, 전반적으로 모든 업무에 긍정적인 영향을 미친다.

공식적으로 보고해야 하는 것도 최종 보고 전에 중간중간 타임을 잘 맞춰서 지속해서 공유하고 소통하는 것이 중요하다. 팀원들이 서로의 일의 방향을 알고 있어야 함께 목표를 달성하는데 도움이 된다고 생각한다.

사회생활을 하면서 비즈니스적인 관계를 맺고 유지하고 관리하는 것은 쉽지 않다. 능수능란하게 컨트롤하는 일잘러가 되기란 정말 어려운 일이다. 조직생활을 10년 넘게 하고 있지만, 아직 부딪히고 깨지면서 배워가는 미생인 듯하다.

하지만 100세 시대에 맞춰, 지금까지의 경력기간 이상으로 사회생활을 할 것이라면, 함께 일하고 싶은 사람이 되자. 함께 일하는 직원들과 긍정적인 관계를 유지하고, 업무의 발전과 성장에 기여할 수 있는 일잘러가 되기 위해 노력하자.

이 책의 모든 내용이 100세 시대에도 건강하고 풍요로운 조직생활을 유지할 수 있는 전략이라고 생각한다. 중요한 것은 자신의 목표와 가치를 인식하고, 그에 맞는 삶을 계획하고 살아가는 것이다. 어느 자리에서든지 신뢰받는 사람으로 존재하며 살아가길 바란다.

샵매니저가 반드시 알아야 할 핵심 포인트

1. 오늘날 팀워크와 협업을 중요한 가치로 여기면서 협업이 가능한 사람, 즉 함께 일하고 싶은 사람이 필요한 시대가 되었다. 과거와 달리 빠르게 변화하는 환경에서 혁신적인 아이디어를 창출하기 위해서는 팀원들 간의 협력과 공유가 필수적이다.

2. 함께 일하고 싶은 사람은 어떤 모습일까?
① 자신의 업무와 역할에 책임감 있게 행동한다.
② 원칙과 가치관을 일관되게 지킨다.
③ 말보다 행동으로 실천해 신뢰와 존경을 얻는다.
④ 사소한 것도 팀원들과 소통하고 공유한다.

이런 사람은 일정 기간 협업하며 신뢰를 쌓아 함께 일하고 싶은 파트너가 된다. 비즈니스 관계를 잘 유지하고 관리하는 것은 쉽지 않지만, 100세 시대를 대비해 계속 노력해야 한다. 자신의 가치관과 원칙을 지키며, 어느 자리에서든 신뢰받는 사람으로 존재하는 것이 중요하다.

SMART SHOP MANAGER

부록

SMART SHOP MANAGER

우수 샵매니저 인터뷰

브랜드 매장의 최전선에서 누구보다 고객과 가장 많은 시간을 보내고, 서비스 능력을 발휘하는 존재가 바로 백화점 샵매니저다. 이들은 경기불황으로 소비침체가 일어나는 반복되는 위기 속에서도 그들만의 탁월한 영업스킬을 가지고 기가 막히게 매출을 만들어낸다.

부담스럽지 않으면서도 스마트하고 친절한 응대로, 고객의 방문목적과 니즈를 누구보다 빨리 캐치해 오프라인 매출로 끌어냄과 동시에 스마트스토어, 라이브방송으로도 매출경쟁력을 확보하는 밀도 높은 영업을 당당히 해내고 있다.

이들은 말 그대로 리테일 업계의 롤모델과 같은 존재다. 롤모델이 될 수 있는 기준은 사람마다 다를 수 있고, 다양한 요소에 따라 결정된다. 개인적으로 롤모델은 성공적인 경력이나 성취를 보여줄 수 있어야 기본적으로 신뢰를 하게 되고, 누군가에게 영감이 되며 모범이 되고, 동기부여가 된다고 생각한다.

자신의 분야에서 전문적인 지식과 기술을 통한 성취 경험이나, 어려운 시기에 역경을 극복하고 인내심을 발휘하고 버텨낸 경험을 통해 다른 누군가에게 용기와 희망을 주는 롤모델이 될 수 있다. 그리고 롤모델은 여러 관계에서 존중과 이해를 보여주며, 적재적소의 리더십 능력을 가지고 있어야 한다. 팀원들을 동기부여하고 지원하는 능력은 리더의 기본 자질이면서 롤모델의 가치라고 생각한다.

또한 도덕적으로도 바르고, 긍정적인 가치관을 가지고 있어야 한다. 예를 들어 정직성, 성실성, 책임감, 배려 등의 가치를 실천하는 모습이 롤모델이 될 수 있는 중요한 요소다. 사람마다 기준은 다르겠지만, 이러한 기준들을 충족하는 사람은 주변 사람들에게 영향력을 미치고, 긍정적인 모범이 될 수 있다.

다음 인터뷰한 3인은 패션 리테일 업계의 롤모델로서 가치가 충분한 것 같아 스토리를 담아봤다.

Interview _____ 1

젊고 스마트한 ACE 점장

롯데백화점 잠실점 헤지스ACC 유도현 점장

최근 국내 패션비즈니스 현장의 정보를 전달하는 전문 매거진 패션비즈 (FASHIONBIZ)에 실린 인터뷰 내용을 참고한다.

Q. 유도현 점장님의 고객 서비스에 대한 접근 방식과 철학에 관해 설명해주실 수 있나요?

매장에서 근무하면 할수록, 고객과 정을 쌓으면 쌓을수록 이커머스에는 없는 오프라인만의 강점이 분명 있다는 것을 느끼게 됩니다. 매장에서는 최대한 고객과의 관계를 소중히 여기며, 친절하고 상냥한 태도로 고객들을 맞이하고, 다양한 이벤트나 프로모션을 통해 고객들과의 유대감을 갖는 것에 중점을 두고 있습니다. 저는 고객뿐 아니라 매장의 직원들도 함께 즐거움을 공유할 수 있는 분위기를 만드는 것이 최상의 고객 서비스라고 생각합니다.

Q. 매장을 리드하는 방식과 팀원들과의 협업에 대해 어떻게 생각하시나요?

처음 점장을 맡았을 때는 부담이 컸습니다. 20대에 대형백화점의 점장이 되었기 때문에 다른 매장과 어떻게 차별화할 수 있을지 고민을 많이 했고, 그 고민 끝에 젊은 점장의 장점을 살려 매장을 관리하자고 생각했습니다. 제가 먼저 솔선수범해 매출 관리, 고객 관리, 고객 응대, 스타일링, 라이브커머스의 쇼호스트 역할까지 할 수 있는 업무는 먼저 배우고, 경험해 알려주는 것을 우선적으로 했습니다. 그리고 지속해서 다양한 상황에 대한 롤플레잉 교육을 진행해 모든 직원이 빠른 시간 내에 적응하며 업무를 처리할 수 있었고, 자기가 맡은 업무는 실수가 없도록 최선을 다했습니다. 서로에 대한 신뢰와 믿음을 우선시했기 때문에, 어떤 업무가 주어지더라도 새로운 일을 배우는 것에 대한 두려움이 없도록 직원 간의 신뢰관계를 중요히 생각했습니다.

Q. 매장의 성과를 극대화하기 위해 어떠한 전략이나 계획을 세우고 있으신가요?

리테일 매장의 직원은 브랜드의 최전선에서 고객을 만나는 일을 합니다. 고객을 만나 최상의 서비스를 제공하고, 두 번째 만남을 기약하기 위해서는 잊지 못할 고객 경험을 제공하는 것이 아주 중요합니다. 예를 들면, 온라인에서는 유튜브 숏츠를 활용해 지속적으로 상품 착용샷을 올리는 홍보를 합니다. 제품 사진만으로는 만족하지 못하던 고객들의 니즈를 파악해 제품 착용 모습을 영상으로 제공함으로써 구매욕구를 자극하는 것이죠.

그리고 백화점은 오프라인 전략도 아주 중요합니다. 우리 브랜드를 고객의 눈에 노출 시키기 위해서는 자극적인 이벤트 또는 프로모션이 필요합니다. 럭키드로우(내용물을 알지 못한 채 고르는 선물 꾸러미)와 같은 현장 이벤트를 수시로 기획해 고객을 유인하고, 입점한 고객을 단골고객으로 만드는 것이 핵심 포인트입니다. 사랑방처럼 오다가다 매장에 들러 이야기를 나누거나, 가볍게 커피 한잔 하고 갈 수 있는 공간으로 만들어 지인들도 함께 방문할 수 있도록 하는 것입니다.

부록. 우수 샵매니저 인터뷰

고객을 겨냥한 직접적인 전략 외에도 직원들의 개인 역량 관리도 필요합니다. 저희 매장 같은 경우는 본사에서 직원들을 위한 복종 교육과 역량 강화 교육을 정기적으로 진행했고, 매장에서도 다양한 상황에 대한 롤플레잉 교육을 꾸준히 함으로써 직원들의 역량을 빠르게 발전시킬 수 있었습니다. 이러한 것들로 인해 지금의 연 20억 원 매출을 목표로 하는 매니저로 거듭날 수 있었다고 생각합니다.

Q. 현재 패션 리테일 매장의 매니저가 되고 싶은 직원들에게 조언이 있다면 말씀해주세요.

패션 리테일 분야의 전문가가 되고 싶다면 이 직업을 진심으로 추천합니다. 노력하고 열심히 하는 만큼의 보상을 제대로 느낄 수 있는 게 이 일의 매력이죠. 노력을 기울인 만큼 매출이 올라가면, 주변 대기업 또래 직원들 못지않게 성과급이 나오기 때문에 주말 근무도 즐겁고 가뿐하게 나갈 수 있는 이유가 된답니다.

Q. 마지막으로, 점장으로서의 비전이나 목표를 이야기해주실 수 있을까요?

가방이나 소품을 판매하는 액세서리 분야에서 남자 매니저는 매우 희소한 존재입니다. 앞으로 더 뛰어난 노력과 성과를 보여준다면, 이 업계에서 저의 존재감을 더욱 두드러지게 할 수 있을 것이라고 확신합니다. 이후에는 의류 분야로도 영역을 확장해 다양한 매장 운영 경험을 쌓고 싶습니다.

롯데백화점 잠실점 헤지스 액세서리의 유도현 점장

‘22억 열정맨’ 유도현
헤지스ACC 롯데 잠실 매니저

출처 : FASHIONBIZ, 2024. 4. 18

수상내역

- 수상내역 : 현대백화점 천호점 제23기 베스트 부매니저
- 수상일 : 2021. 11. 16
- 수상자 : 현대천호 HY 유도현 리더

- 수상내역 : 롯데백화점 2022년 11월 최우수 친절사원
- 수상일 : 2022. 12. 3
- 수상자 : 롯데잠실 HY 유도현 마스터

똑똑한 샵매니저는 이렇게 일합니다

Interview _____ _____ 2

고객을 사로잡는 대화의 고수

현대스페이스원 바네사브루노 원지온 점장

고객과 매장의 성공을 이끄는 그녀의 노하우와 경험을 깊이 있게 파악하고자
몇 가지 질문을 해봤습니다.

Q. 패션 매장에서의 경험을 바탕으로 자기소개를 부탁드립니다.

안녕하세요, 저는 여성복 브랜드 바네사브루노(Vanessabruno) 점장으로 일하
고 있는 원지온입니다. 패션 리테일 업계에서 일한 지는 10년이 되었고, 다양
한 매장에서의 경험을 바탕으로 지금의 자리에 오게 되었습니다.

Q. 고객에게 판매할 때 점장님만이 가지고 있는 중요한 판매 철학이 있나요?

판매는 단순히 상품을 파는 것이 아니라, 고객의 니즈를 충족시키는 과정이
라고 생각합니다. 고객이 원하는 것이 무엇인지 파악하고, 그에 맞는 제품을
추천하는 것이 중요합니다. 그런데 저는 이 과정에서 무엇보다 진정성 있게,
진심으로 판매하는 것이 핵심이라고 생각합니다. 고객 응대는 한 번 팔면 끝
이 아니라 재방문이 중요하기에 고객에게 믿음을 주는 것이 필요합니다. 저는
매장에서 단순히 옷만 판다는 생각을 하지 않습니다. 아무리 바쁘더라도 고

객과의 대화의 시간, 고객과의 교감을 나누는 것을 중요하게 생각합니다.

Q. 매출이 5억 원대에서 10억 원대로 오른 비결, 점장님만의 판매 전략은 무엇인가요?

저는 고객과의 소통을 중시합니다. 고객의 이야기에 귀를 기울이고, 기본적으로 고객이 편안하게 쇼핑하며, 머무를 수 있는 환경을 조성합니다. 그러기 위해서는 매장에 오는 고객님이 어떤 제품을 찾고, 원하는지 누구보다 잘 알고 있어야 한다고 생각합니다. 그러기 위해서 제가 했던 방법은 매장에 머무르는 시간을 다른 직원들보다 더 많이 가지면서, 아울렛점의 특성과 우리 매장에 들어오는 고객, 그리고 매장의 분위기를 일치시키는 것에 중점을 두고 관리하고 있습니다.

Q. 고객의 니즈를 파악하고, 만족시킬 때 어떤 방법을 사용하시나요?

고객이 입고 온 스타일과 선호하는 스타일을 먼저 파악하고, 스몰토크로 고객님의 분위기와 성향을 대략 파악합니다. 그리고 고객과의 대화 스타일, 즉 해당 고객과 결이 맞는 직원과 응대가 이루어질 수 있도록 매칭하는 방법으로 응대의 합을 맞추기도 합니다. 고객과의 관계는 연인 사이와도 비슷하다고 생각합니다. 고객 입장에서 무조건적으로 친절한 직원이 좋은 것이 아니라 대화의 포인트가 맞고, 이야기가 통하는 것이 중요합니다. 그렇기 때문에 고객과의 합, 매칭을 잘하는 것도 고객 만족 서비스의 한 방법입니다.

Q. 고객을 지속적으로 유지하고, 관리하는 방법은 무엇인가요?

고객과의 관계를 유지하기 위해서는 고객과의 스토리를 기억하는 것이 중요합니다. 심지어 고객이 산 제품을 어디에 입고 가셨는지, 누구에게 선물하셨는지 등의 고객의 스토리를 잘 기억해서 다시 방문하셨을 때 기억해 응대에 활용합니다.

Q. 고객들이 다시 찾는 매장으로 만든 비결은 무엇인가요?

고객이 매장을 떠나서도 기억에 남는 매장이 될 수 있도록 하려면 고객님이 느끼시기에 친절한 직원, 편안하게 응대해주는 직원들이 있는 매장이라는 느낌을 주는 것이 중요합니다. 입점한 고객님들이 쇼핑하는 동안은 부담 없이 편안하게 즐길 수 있도록 편안한 스몰토크로 무겁지 않은 분위기를 만들고자 합니다. 여성복 컨템포러리 브랜드 매장에서 느끼는 특유의 시크함과 AI 같은 차가움이 아닌, 젊은 직원들의 따뜻한 친절함이 그 비결인 것 같습니다.

Q. 가장 기억에 남는 고객 응대 사례나 성공적인 판매 경험이 있다면 공유해 주세요.

아울렛 매장의 제품은 대부분 생산 연도가 1~2년 지난 제품들이 많아서, 확인하고 전달해드렸음에도 때로는 오염된 제품을 수령하는 경우가 종종 있습니다. 이 고객님도 하자가 있는 제품을 받으시고 화가 나셔서 통화로 강하게 컴플레인을 하셨습니다. 우선 매장 방문을 유도한 후, 대면으로 사과드리고 티타임을 가지며 전반적인 상황을 상세히 설명드렸습니다. 그 상황을 들으신 고객님은 충분히 이해한다며 오히려 화를 내서 미안하다고 사과하시면서 관계를 회복할 수 있었습니다. 먼 지역에 사시는 고객님이셨는데, 그 이후로 일부러 매장을 여러 번 방문하시고, 제철 과일을 보내주시기도 하셨습니다. 이 사건을 통해 고객 응대의 핵심은 진정성 있는 대응이라는 것을 깨달았습니다.

Q. 패션 리테일 매장에서 일하고자 하는 사람들에게 어떤 조언을 주시겠어요?

점장으로서 느끼는 것 중 가장 중요한 것은 매장에 대한 관심이라고 생각합니다. 이 관심이 모든 일의 시작이 되는 것 같습니다. 매장에 투자하는 시간이 결국은 성과와 연결된다는 것을 점장이 되면서 깨달았습니다. 고객의 동선을 지속적으로 살피고, 때로는 다른 매장과 비교해 장단점을 찾으려 노력합니다. 이 일을 잘하기 위해서는 고객 중심적인 사고와 고민을 지속적으로 해야 합니다. 그 관심과 노력이 성과로 환원되는 직업이 바로 이 패션샵 매니저입니다.

Q. 매장과 자신에 대해 앞으로의 계획이나 목표를 말씀해주세요.

수입브랜드에서 젊은 점장의 파워를 제대로 보여주고 싶습니다. 여성 수입 브랜드 특성상 고객 연령대가 높기 때문에 30대 점장의 한계는 분명히 있습니다. 하지만 그 한계를 극복하고 뛰어넘어 세대교체의 가능성을 제가 보여드리고 싶습니다. 고객과 연령대의 차이가 있어도 고객의 삶을 이해할 수 있고, 어떤 이야기를 하더라도 기본적인 무드를 충분히 맞출 수 있다는 것을 증명해보도록 하겠습니다. 끊임없이 노력하고 연구하는 모습으로 누가 봐도 잘한다는 말을 들을 수 있도록 30대의 멋진 수입 브랜드 점장이 되겠습니다.

원지온 점장(좌)과 윤혜원 직원(우)

라이브방송 매출 탑티어로 인정받은 원더우먼

닥스숙녀 백화점 영업담당 김다정 과장

이 직원의 경험은 매우 흥미로운 이야기다. 백화점 여성복 매장 점장 경험을 토대로, 현재 본사 영업관리자로 발탁되어 근무 중인 직원의 인터뷰다.

Q. 이전에 패션 리테일 백화점 매장 매니저로서 근무하면서 어떤 경험을 쌓았나요?

저는 LF 여성복 브랜드의 백화점 매장 매니저로 근무하면서 매장 운영, 인력 관리, 고객 서비스 등 다양한 경험을 쌓았습니다. 어려운 시장 상황에서도 온· 오프라인 고객의 니즈를 파악하고, 매출을 증대하기 위해 밤낮으로 노력했습니다. 함께 근무하는 직원들과의 팀워크를 위해 밀어야 할 때는 밀고, 당겨야 할 때는 확실히 당기는 고난이도의 밀당 스킬로 관리하고 지원하면서 매장의 성과를 향상시켰습니다.

Q. 현재 브랜드 영업관리자로서 어떤 업무를 하고 있나요?

현재 저는 수도권에 있는 백화점 매장 20여 개를 관리하고 있습니다. 브랜드 현장 영업 전반을 관리한다고 볼 수 있는데, 제품 라인의 고객 반응 및 인사이트, 현장에서 필요한 마케팅 방향을 구상하며 브랜드와 매장의 성과를 위해 일하고 있습니다. 대부분의 업무는 각 매장의 매니저님들과 사업계획 대비 매출달성, 매출증대를 위한 마케팅 전략을 논의하고 계획하면서 매장과 본사 중간에서 관리하고 조정하는 역할을 합니다. 즉, 매장의 안정적인 운영과 지속적인 성과 개선을 위한 현장 영업을 한다고 볼 수 있습니다.

Q. 라이브방송에서 매출 1억 원을 달성한 경험에 관해 이야기해주세요.

오프라인 매출이 너무나도 힘든 시점에 라이브방송을 통해 온라인 매출 1억 원을 달성했습니다. 제가 직접 상품을 착용하고, 소개하는 방식으로 고객들과 실시간으로 소통하면서 제품에 대한 신뢰를 구축했고, 고객들의 니즈에 맞는 맞춤형 서비스를 제공해 높은 매출을 달성할 수 있었습니다.

Q. 라이브방송에서의 경험이 브랜드 영업에 어떻게 도움이 되나요?

다수의 라이브방송의 경험은 고객들과 실시간으로 소통하면서 고객들의 반응을 빠르게 파악하고, 제품에 대한 이해를 높이는 데 효과적이었던 것 같습니다. 이런 경험들이 쌓여 현재 브랜드 현장 영업 업무를 하는 데 있어 짧은 시간 내에 고객과의 관계를 강화하고, 신뢰를 구축하는 데 큰 도움이 되었습니다. 그리고 무엇보다 매장의 매출을 최대 월 3억 원까지 만들어본 경험이 있었기에, 매장 내 리소스를 효율적으로 관리하고, 최적화 방안을 찾을 수 있는 것 같습니다.

Q. 앞으로 브랜드 영업에서 어떤 목표를 가지고 있나요?

저는 매장의 성과를 모니터링하고 분석해 개선점을 파악해서 보고합니다. 이는 판매 트렌드, 재고 회전율, 시장 점유율 등을 포함할 수 있는데, 1차적으로는 시장에서의 브랜드의 인지도를 높이고 매출을 증대시키는 것이 목표입니다. 이를 바탕으로 최종적으로 본사 브랜드 기획에서는 제품 라인의 다양성을 확대하고, 영업에서는 마케팅 전략을 강화해 매장에서는 온·오프라인 신규 고객을 창출하고, 고객들의 니즈에 맞는 맞춤형 서비스를 제공할 수 있도록 중간 다리 역할을 잘 수행하는 것입니다.

Q. 패션 리테일 매장의 매니저가 되고 싶은 직원들에게 당부의 조언이 있다면요?

어떤 점을 우선 말씀드려야 할지 고민이 되기는 하지만, 우선 패션 리테일 백화점 매장 매니저가 되기 위해서는 기본적으로 열정과 의지가 필요합니다. 열정을 가지고 열심히 노력하고, 목표를 향해 끊임없이 노력하는 자세가 중요합니다. 한 매장의 점장이 된다는 것은 한두 가지 일을 잘해서 되는 것은 아닙니다. 매출 관리, 고객 관리, 운영 관리, 인력 관리 전반을 잘하기 위해서는 점장에 대한 비전을 가지고, 단계적으로 차근차근 꾸준히 경력을 쌓아야 합니다. 리테일 업에서의 경험을 꾸준히 쌓는 것은 매니저로 성장하는 데 도움이 될 것입니다.

그리고 패션 리테일 백화점에서는 고객 서비스가 매우 중요합니다. 고객을 만족시키고 편안한 쇼핑 경험을 제공하는 것이 핵심이므로, 고객과의 원활한 소통과 친절한 서비스가 필요합니다. 그러기 위해서는 시장의 트렌드를 이해하고, 최신 패션 트렌드와 상품에 대한 지식을 쌓는 것이 중요합니다. 고객들과 편안하게 대화하면서 적합한 상품을 제공하기 위해서는 패션에 대한 이해가 필수적이니까요.

더불어 모든 것이 빠르게 변화하는 환경이므로 지속적인 학습과 자기 계발이 필요합니다. 백화점 매장에서는 다양한 문제가 발생할 수 있기 때문에 이러한 상황에서 빠르고, 효과적으로 문제를 해결해야 합니다. 그러기 위해서는 다양한 경험과 지식을 습득하고, 자신의 역량을 발전시키면서 경쟁력 있는 존재가 되어야 합니다.

마지막으로는 이 부분이 가장 힘들 수 있는데, 팀워크를 항상 고민하셔야 합니다. 매장 매니저는 팀을 이끄는 리더 역할을 맡기 때문에 팀원들을 잘 이끌고 관리할 수 있는 리더십이 필요합니다. 매장의 매출은 절대 혼자서 만들 수 없습니다. 팀원들을 존중하고 독려하면서 팀워크를 잘 만들어간다면, 패션 리테일 백화점 매장 매니저로서 성공과 다양한 기회를 가질 확률을 높일 수 있을 것입니다.

Q. 현재 패션 리테일 매장의 매니저에게 남기고픈 메시지가 있으신가요?

패션 리테일 매장의 매니저 역할은 매우 중요합니다. 고객들에게 최고의 서비스를 제공하는 것뿐만 아니라 고객들의 쇼핑 수준을 향상시키고, 매장의 성과, 브랜드의 가치를 높이는 역할을 맡고 있으며, 브랜드를 대표하고 있습니다. 이 일은 단순히 상품을 판매하는 것 이상의 의미가 있습니다. 정당하고 당당하게 브랜드의 가치를 지키며, 앞으로도 고객들에게 최고의 경험을 제공하기 위해 노력해주시길 부탁드립니다. 여러분의 노력과 기여에 감사드립니다.

닥스숙녀 백화점 영업담당 김다정 과장

부록. 우수 샵매니저 인터뷰

수상내역

<table>
<tr><td>第 21-2353號</td><td>HYUNDAI DEPARTMENT STORE</td></tr>
</table>

표 창 장

제 39기 Ace 매니저   목 동 점 여성패션팀
(2회 연속)   해지스 김 다 정

위 사람은 투철한 서비스 정신과 책임감을
바탕으로 맡은바 업무를 성실히 수행하여
타의 모범이 되고 회사발전에 기여한 공로가
크므로 현대백화점 제 39 기 Ace Manager로
선정하여 표창합니다.

2021년 10월 26일

주식회사 현대백화점
대표이사 사장 김 형 종

• 수상내역 : 현대백화점 목동점 제38기
  에이스 매니저(김다정)
• 수상일 : 2021. 4. 6
• 수상자 : 현대목동 HS 김다정 매니저

• 수상내역 : 현대백화점 목동점 제39기
  에이스 매니저(2회 연속)
• 수상일 : 2021. 10. 26
• 수상자 : 현대목동 HS 김다정 매니저

SMART SHOP MANAGER

에필로그

패션 리테일 산업은
유연성과 열정을 갖춘 전문 인재가 필요하다!

필자들은 패션기업의 자회사에서 패션 리테일 전문인력 육성을 위한 교육 사업을 하고 있다. 패션유통업에 종사하시는 분들의 성장과 원활한 매장 운영을 위해 현장에서의 경험과 지식을 공유하고 확장 시킬 수 있도록 교육 컨설팅 및 공개 교육 운영을 하고 있다. 즉, 브랜드와 매장의 중간 다리 역할을 한다고 볼 수 있을 것이다.

패션 리테일 산업은 끊임없이 변화하고 발전하고 있기 때문에 열정적인 전문인력이 필요하다. 15년여간 이 업계에 계신 많은 전문가분들을 만나면서 서로의 경험과 지식을 공유하면서 매장 운영의 중요한 노하우를 나누는 것이 중요하다는 것을 느꼈다.

찾아보면 세일즈 관련 도서들은 많지만, 패션 리테일업에 딱 맞는 책은 부족하다고 생각해서 매장에서 바로 적용할 수 있고, 핵심이 되는 내용으로 책을 만들고자 했다. 책을 쓰는 동안, 그간 만나온 많은 샵매니저의 경험과 지식을 되짚어보고, 매장 운영의 중요한 요소들을 정리할 수 있어 필자들에게도 의미 있는 시간이 되었다.

이 책을 통해 샵매니저의 역할과 책임, 그리고 매장을 성공적으로 운영하기 위한 다양한 전략을 파악했을 것이다. 하지만 아는 것에서 그쳐서는 안 된다. 중요한 것은 단순히 배우는 것이 아니라 성과로 만들어내는 것이다. 지금 바로 내가 적용할 수 있는 내용을 옮겨 적어보길 바란다. 책에 담긴 현장에서의 경험과 지식, 노하우를 여러분의 매장에 적용해 더 나은 서비스를 제공하고, 고객과의 관계를 강화하며, 매출이 오를 수 있도록 실천하자. 나의 열정과 노력이 좋은 결과를 가져올 것이라는 확신을 갖고, 이 책에서 배운 지식을 실천에 옮겨 주시길 바란다.

여러분의 성장과 발전은 리테일업을 하는 모두에게 큰 자부심과 영감을 줄 것이다. 패션 유통 분야에서 혁신적이고, 책임감 있는 전문가로서 성공적인 커리어를 구축하기 위한 기초를 다시 다지길 바란다.

이 책을 마무리하면서 여러분께 꼭 전하고 싶은 메시지가 있다.

패션 리테일 매장 운영은 시대의 흐름과 새로운 트렌드에 주목하고, 고객의 요구에 발맞춰 유연하게 대처하는 것이 중요하다. 그리고 패션 유통 산업의 발전을 위해서는 윤리적인 관행과 지속 가능한 경영 또한 필수적인 부분이다. 이와 같은 가치관은 건강한 성장에 기여할 수 있을 것이고, 성공의 밑거름이 될 것임을 꼭 말씀드리고 싶다.

이 책이 앞으로의 여정에서 유용한 지침서로 남길 바라며, 여러분의 열정과 노력이 빛나는 성과로 이어지길 응원한다.

2024. 4.
㈜글로벌휴먼스 교육팀

에필로그

똑똑한 샵매니저는 이렇게 일합니다

제1판 1쇄 발행   2024년 7월 15일

지은이   (주)글로벌휴먼스 교육팀
           (안나현, 장다혜, 송석민, 이지은, 이원경)
발행처   애드앤미디어
발행인   엄혜경
등록   2019년 1월 21일 제 2019-000008호
주소   서울특별시 영등포구 도영로 80, 101동 2층 205-50호
           (도림동, 대우미래사랑)
홈페이지   www.addand.kr
이메일   addandm@naver.com
기획편집   애드앤미디어
디자인   얼앤똘비악 www.earlntolbiac.com

ISBN   979-11-93856-00-0 (13320)

책값은 뒤표지에 있습니다.
잘못 만들어진 책은 구입처에서 바꿔 드립니다.

A 애드앤미디어는 당신의 지식에 하나를 더해 드립니다.